Simone Milasas

Radość z Biznesu

Co by było gdyby biznes był przygodą w Twoim życiu?

Przy ogromnym współudziale **Gary'ego M. Douglasa**
Tłumaczenie: **Beata Świacka i Eliza Sarna**

Joy of Business
Copyright © 2013 Simone A. Milasas
ISBN: 978-1-939261-67-0

Wszelkie prawa zastrzeżone. Żadna część tej publikacji nie może być reprodukowna, przechowywana jako źródło danych, przekazywana w jakiejkolwiek elektronicznej, mechanicznej, fotograficznej lub innej formie zapisu, bez zgody posiadacza praw.

Autor i Wydawca książki nie zapewniają i nie gwarantują osiągnięcia fizycznych, mentalnych, emocjonalnych, duchowych, ani finansowych rezultatów. Wszystkie produkty, usługi oraz informacje podane przez Autora mają służyć wyłącznie celom edukacyjnym oraz rozrywkowym. Informacja zawarta w niniejszej publikacji nie może w żaden sposób zastąpić medycznej lub innej profesjonalonej porady. W przypadku samodzielnego wykorzystania informacji zawartych w książce, Autor oraz Wydawca nie ponoszą odpowiedzialności za podjęte działania.

Wydane przez:
Access Consciousness Publishing, LLC
www.accessconsciousnesspublishing.com
Wydrukowane w Stanach Zjednoczonych Ameryki
Drugie wydanie
Pierwsze wydanie, copyright © 2012 by Simone A. Milasas, wydane przez Big Country Publishing, LLC

O książce

Ta książka jest dla ciebie, jeśli masz ochotę zaistnieć w biznesie oraz kreować i generować coś całkowicie odmiennego dla siebie i dla tej planety. Biznes, praca – jakkolwiek to nazwiemy – jest potężną siłą, z pomocą której kształtujemy nasze życie i rzeczywistość. Czy zdarzyło ci się kiedyś utknąć w konwencjonalnych sposobach uprawiania biznesu, które zdawały się być pełne ograniczeń, nudne i nie przynosiły spodziewanych zysków? Wcale nie musi tak być. A gdyby okazało się, że biznes może być kreatywny, generatywny – i radosny? Tak, może być właśnie taki!

Radość Biznesu pokazuje jego zupełnie inną stronę. Ta książka nie jest poradnikiem. Nie ma w niej odpowiedzi rozwiązujących twoje biznesowe problemy i dylematy. Zamiast tego, otworzy dla ciebie przestrzeń do prowadzenia biznesu w zupełnie inny sposób. Znajdziesz tu pytania, ćwiczenia, narzędzia i procesy, które dadzą ci zupełnie inną perspektywę do kreowania twojego biznesu i życia.

Nie jestem ekspertem do spraw biznesu, w ogólnie przyjętym znaczeniu tego słowa. Nie posiadam długiej listy biznesowych stopni naukowych, referencji, czy też rzędu liter stojących przed moim nazwiskiem. To, co mam do zaoferowania, to lata bezpośredniego doświadczenia w prowadzeniu biznesu na całym świecie – a także punkt widzenia, że robienie biznesu przynosi radość.

Chcę podzielić się z tobą *Radością Biznesu* – i zaprosić cię do tego, byś podążał za tym, co ty wiesz, oraz do zadawania pytań i używania tych niesamowitych narzędzi Access Consciousness®, które mogą na zawsze zmienić sposób, w jaki prowadzisz swój biznes.

Spis treści

Dedykacja: Z wyrazami najgłębszej wdzięczności 7
Słowo do czytelnika 8
Przedmowa 9
Rozdział 1: Moje początki w biznesie 11
Rozdział 2: Co jesteś gotowy otrzymać?
Listopad 2002: Spotkanie z Garym Douglasem 27
Rozdział 3: Prowadzenie Biznesu bez osądu 41
Rozdział 4: Każde pytanie kreuje możliwość 51
Rozdział 5: Rzeczywistość i dostrajanie się:
Czy wierzysz w niemożliwe? 63
Rozdział 6: Human i Humanoid: Ponad osądem samego siebie 73
Rozdział 7: Jak robić z lekkością milion rzeczy naraz:
Podążając za energią 79
Rozdział 8: Nie jesteś swoim biznesem 85
Rozdział 9: Ppriorytety vs. cele: Czym jes dla ciebie sukces? 91
Rozdział 10: Bądź gotowy na zmianę:
Cytryny czy pomarańcze? 99
Rozdział 11: Pokaż mi pieniądze 105
Rozdział 12: Zapraszanie pieniędzy do swojego życia 121
Rozdział 13: Jak radzić sobie z finansami:
Kilka praktycznych wskazówek 129
Rozdział 14: Łącznicy, wykonawcy, kreatorzy i stwórcy 137

Rozdział 15: Zatrudnianie ludzi do twojego biznesu:
Kilka najważniejszych rzeczy 143

Rozdział 16: Ukazywanie możliwości vs. narzucanie
formy i struktury 149

Rozdział 17: Umowa i dostarczenie..153

Rozdział 18: Ufaj temu, co wiesz i zdobywaj informacje,
których potrzebujesz..161

Rozdział 19: Wybieranie dla siebie 167

Rozdział 20: Wybieraj świadomość – nie sekretne plany................177

Rozdział 21: Czego wymagają ludzie? 185

Rozdział 22: Manipulacja za pomocą energii 191

Rozdział 23: Czy robisz biznes jako mężczyzna
czy jako kobieta?..195

Rozdział 24: Bądź sobą i zmieniaj świat..201

EPILOG: 207

SŁOWNICZEK: 208

O AUTORCE: 210

Dedykacja

Z wyrazami najgłębszej wdzięczności

Chciałabym zadedykować książkę *Radość Biznesu* dwóm niesamowitym mężczyznom w moim życiu.

Są nimi mój Tata oraz Gary Major Douglas, założyciel Access Consciousness®.

Tata od samego początku zachęcał mnie, bym odkrywała, czym jest biznes i dokonywała własnych wyborów. On kochał mnie nawet wtedy, gdy nie chciałam słuchać. Był ze mnie zawsze dumny. Kocham cię Tato. Spoczywaj w pokoju.

Gary Major Douglas wniósł niesamowity wkład do tej książki, do mojego życia, istnienia i całej mojej rzeczywistości. Gary, pokazałeś mi i wciąż pokazujesz to, co zawsze wiedziałam, że jest możliwe. Dziękuję.

Jestem Wam na zawsze wdzięczna.

Chciałabym także podziękować wszystkim ludziom, których spotkałam na ścieżkach mojego życia. Mam wielkie szczęście, że otaczają mnie i nieustannie wspierają tak wspaniali przyjaciele oraz rodzina. Dziękuję. Jak mi się to udało?

Dona, jesteś najwspanialszym redaktorem na tej planecie. Dziękuję za Twoją cierpliwość. Jak może być jeszcze lepiej?

Brendon, wciąż nie przestajesz mnie obdarowywać.

Słowo do czytelnika

Książka ta napisana została wzorcową angielszczyzną. Choć dużo podróżuję po świecie i odwiedzam wiele różnych miejsc, to jednak Australię nazywam wciąż swoim domem. Jestem Australijką i piszę używając australijskiego angielskiego, więc jeśli pochodzisz ze Stanów Zjednoczonych, wybacz moje „błędy" w pisowni. Jeśli pochodzisz z jakiegokolwiek innego miejsca, życzę dobrej zabawy!

Przedmowa

Pewnego dnia rozmawiałam z moim przyjacielem, Garym Douglasem, założycielem Access Consciousness®, o naszym wspólnym znajomym i jego poczynaniach w biznesie.

– To, co on robi, nie ma według mnie najmniejszego sensu – zaczęłam.

– Co przez to rozumiesz? – zapytał Gary.

– No cóż, dlaczego miałby wybierać coś takiego? – odpowiedziałam pytaniem. – Podejmowanie takiej decyzji w biznesie jest kompletnie pozbawione radości. To nie wykreuje tutaj nic większego.

Było dla mnie jasne, że człowiek, o którym rozmawialiśmy, zabijał właśnie wszystkie możliwości, jakie mogły mu się ukazać.

Gary znów zadał pytanie:

– Co masz na myśli mówiąc, że nie ma w tym za grosz radości?

– Przecież biznes robi się dla radości jego robienia! – odpowiedziałam.

– Nie prawda – usłyszałam.

Zatkało mnie, po czym wypaliłam:

– Ależ tak! Z jakiego innego powodu miałoby się robić biznes?

– Simone – rzekł Gary – jesteś jedyną osobą, jaką znam, która robi biznes dla samej jego radości! W tej rzeczywistości radość nie jest powodem, dla którego uprawia się biznes.

Tak właśnie rozpoczął się nasz dialog na temat radości biznesu. Zaczęłam zauważać, jak wielu jest ludzi, którzy myślą, że nie lubią biznesu. Jest także wielu takich, dla których biznes jest radosny i chciałabym, abyś stał się jednym z nich. Pragnę więc zaprosić Cię do zmiany wszystkich twoich punktów widzenia, według których biznes nie jest – lub nie może być – radosny. Oto moje zaproszenie.

A jeśli biznes jest zabawą – a ty mógłbyś zrobić na tym pieniądze?

Rozdział 1

MOJE POCZĄTKI W BIZNESIE

Zawsze uwielbiałam biznes. Gdy dorastałam w Sydney w Australii, moi przyjaciele rozmawiali zazwyczaj o wybieraniu się na studia i o tym, jak to jest, gdy zawiera się małżeństwo i gdy pojawiają się dzieci. Te rzeczy nigdy mnie nie interesowały. Ja wiedziałam od zawsze, że będę właścicielem jakiegoś biznesu. Nie miałam pojęcia jakiego, ale wiedziałam, że po prostu będę go mieć. Wydawało mi się to najbardziej kreatywną rzeczą, jaką w ogóle mogłam robić. Prowadzenie biznesu jest dla mnie niczym bycie artystą, który stoi przed czystym płótnem. To przebłysk idei i pytanie: „Co jeszcze musi się wydarzyć, by mogła się ona urzeczywistnić?". Zawsze postrzegałam biznes właśnie w taki sposób.

Gdy tylko ukończyłam szkołę średnią, dostałam pracę. Na przestrzeni trzech miesięcy odłożyłam 3,000 $ i wyjechałam za granicę. Trzy lata spędziłam podróżując i pracując w Anglii, Portugalii i na Wyspach Greckich. Próbowałam każdej pracy, jaka się pojawiała, jeśli tylko pozwalała mi dalej podróżować i zwiedzać świat. Na greckiej wyspie Santorini zajmowałam się zapraszaniem przechodniów, by wstępowali do restauracji, przed którą stałam. Mówiłam do każdego: „Hej, czy zechciałbyś dzisiaj zjeść w Captain Angelo? Szef kuchni poleca trzy dania i darmowy kieliszek wina". Robiłam to przez cztery godziny dziennie i to wystarczało, by pokryć moje codzienne wydatki. Ktoś inny mógłby narzekać na taką pracę, a ja mówiłam sobie: „Tak! Robię to". Bez względu na to, jakie było moje zajęcie, zawsze potrafiłam znaleźć w nim radość i zabawę. Odkąd pamiętam, umiałam dostrzegać możliwości, jakie praca i biznes mogły kreować w moim życiu i wierzę, że kreatywne i radosne do nich podejście prowadzi do niezwykłego – a może nawet – fenomenalnego życia.

Kiedy wróciłam do Australii, każdy poklepywał mnie po ramieniu, mówiąc: „To by było na tyle. Podróżowanie masz już za sobą". Reagowałam natychmiast mówiąc: „Co? To dopiero początek!".

Swój pierwszy biznes rozpoczęłam sprzedając produkty na weekendowych ulicznych targowiskach w Sydney. Zajmowałam się wszystkim, począwszy od robienia własnych kremów nawilżających, mgiełek i brokatów do ciała, po detaliczną sprzedaż produktów zdobywanych z innych źródeł. W sobotę był Glebe Market, a Bondi Beach Market w niedzielę. Marzyłam o wykreowaniu takiego stylu życia, by sprzedawać na targowiskach w weekendy i cieszyć się życiem.

Moim celem było uzbieranie takich pieniędzy, które pozwoliłyby mi pojechać do New Delhi w Indiach i tam zakupić towar, jaki mogłabym sprzedawać podczas targów i różnych imprez w Australii.

Nie zajęło mi to wiele czasu. Wkrótce zarobiłam potrzebną kwotę i poleciałam do Indii. Udałam się do miejsca w New Delhi zwanego Paharganj, gdzie sprzedaje się kadzidła, tkaniny, indyjskie bransolety, biżuterię i odzież. Paharganj jest niezwykły. To najbardziej ruchliwe miejsce, jakie kiedykolwiek widziałam. Krowy, które uważa się tam za święte, wędrowały swobodnie po zatłoczonych drogach, pomiędzy przechodniami, taksówkami, rowerami i wozami zaprzężonymi w woły lub konie. Po obu stronach ulicy rozstawione były stragany, gdzie uliczni handlarze sprzedawali prawie to samo, targując się z przechodniami i kupującymi. Czasem temperatura powietrza dochodziła do 55 stopni Celsjusza (122 stopnie Fahrenheita). Wszędzie gotowano jedzenie i po ulicy rozchodziła się woń indyjskich przypraw. Upał, intensywne zapachy i totalna ekscytacja. Dla jednych mogło to być paskudne miejsce, w którym panował przytłaczający chaos – w czym była odrobina prawdy. Dla innych było ono jednym z najbardziej egzotycznych i interesujących miejsc na tej planecie. Ja właśnie rozpoczynałam tam swój pobyt i byłam zachwycona.

Nie miałam pomysłu na to, jak znaleźć dostawców. Wiedziałam jednak, że ich znajdę. Nie mogłam tylko wyobrazić sobie, jak to będzie wyglądać. Robienie biznesu w tym miejscu było dla mnie jak intrygująca przygoda. Mówiłam sobie: „Zobaczymy, co się tutaj ukaże!".

Przechadzałam się patrząc, co mają do zaoferowania uliczni sprzedawcy. Gdy tylko skupiałam wzrok na jakimś przedmiocie, natychmiast chcieli targować się ze mną o jego cenę. Czasami bywali dość nachalni.

Widziałam, z jaką łatwością namawiali ludzi do kupowania produktów, których pewnie nie sprzedaliby po powrocie do domu, więc starałam się być świadoma tego, kto kontroluje sytuację. To był czysty biznes i dawało mi to poczucie dzikiej radości. W jakiś sposób intuicyjnie wiedziałam, że to ja mam zadawać pytania, co pozwalało mi być tym, kto dokonywał wyborów. Pytałam o towary, o ich dostępne kolory, oraz o to, jaka byłaby cena, gdybym kupiła jedną sztukę, dziesięć albo sto. Chodziłam między straganami, pytałam i robiłam notatki, które analizowałam po powrocie do hotelu.

Najciekawsze było to, że w szkole oblałam matematykę. Nienawidziłam jej i nie była to moja mocna strona, ale tu w Indiach, gdy musiałam opracowywać szczegóły eksportowania, importowania i wyceny produktów, po prostu to robiłam. Wiedziałam, że mogę z powodzeniem importować towary. Wiedziałam, że muszę znaleźć kogoś, kto zajmie się eksportem i wiedziałam, że czeka mnie papierkowa robota. Wiedziałam też, że muszę dokonać kalkulacji kosztów. Więc dosłownie, chodząc ulicami, zagadywałam ludzi, by zbierać informacje, których potrzebowałam. Byłam gotowa dowiedzieć się wszystkiego, czego wymagał biznes, który chciałam wykreować.

Kiedy zajmujesz się biznesem, musisz być gotowy mieć wszystko i stracić wszystko. Nie możesz skupiać się na rezultatach tego, co robisz. Gdybym w tamtym czasie oczekiwała określonych rezultatów zakupując konkretne przedmioty, sprzedawcy mieliby nade mną kontrolę w kwestiach cen i innych aspektów dotyczących towarów. Dzięki temu, że nie miałam żadnych oczekiwań, nie spieszyłam się. Nie napierałam. Pozwalałam, by rzeczy ukazywały się w odpowiednim dla nich czasie i obserwowałam, jakie pojawiały się możliwości, co oznaczało, że to ja miałam kontrolę nad wyceną, ilością i innymi czynnikami. Był w tym niezwykły smak przygody i radości, którą przynosiło zarabianie pieniędzy i życie w ogóle. Robiłam więc zakupy w Paharganj i na początku woziłam je do Australii, spakowane w podróżnych torbach. Później znalazłam dwóch muzułmańskich szejków, którzy zostali moimi eksporterami. Byli nieziemscy. Moje towary latały z Indii, by wylądować na targowiskach w Sydney i w taki sposób udawało mi się zarabiać od 3,000 do 4,000 dolarów tygodniowo, w ciągu zaledwie dwóch dni.

W pozostałe dni chodziłam na plażę, pozwalałam rodzić się nowym pomysłom na uliczny handel oraz podtrzymywałam kontakty z zagranicznymi dostawcami. Wyglądało na to, ze miałam naprawdę dużo wolnego czasu i przestrzeni do życia. Byłam szczęśliwa. Niektórzy ludzie pracujący w firmach od dziewiątej do piątej mówili: „Simone, znajdź sobie prawdziwą pracę"."„To jest prawdziwa praca! Jest wspaniała!" – odpowiadałam.

Naprawdę świetnie się bawiłam, robiąc przy tym dobre pieniądze. Dzisiaj wiem, że miałam wtedy umiejętność kreowania i generowania dokładnie tego, czego pragnęłam (w danym momencie) i robienia na tym pieniędzy. A to dlatego, że – jak się później dowiedziałam w Access Consciousness® – pieniądze podążają za radością. Radość nie podąża za pieniędzmi.

Po jakimś czasie, ludzie zaczęli mnie prosić, bym kupowała dla nich towary w Indiach, które oni mogliby później sprzedawać w Sydney. Myślałam sobie: „Jeśli będę kupować więcej towaru dla innych ludzi, mogę otrzymać dzięki temu lepsze warunki cenowe." Powiedziałam więc tak. Zaczęłam jeździć do Indii i kupować większe ilości towarów. Równało się to z większą siłą przyciągania i dostawcy zaczęli bardziej mnie zauważać. Zaopatrywało się u mnie aż 12 sklepów z Sydney, więc zajęłam się także projektowaniem ubrań. Był to całkiem spory sukces i wkrótce poczułam się znudzona. Porzuciłam więc temat ubrań i zaczęłam importować srebrną biżuterię wysadzaną półszlachetnymi kamieniami.

Udałam się do miejscowości Jaipur w Indiach, znanej jako Pink City, aby zakupić tam kamienie. Gdy pojawiłam się tam po raz pierwszy, w Australii była właśnie moda na naszyjniki z koralików. Kupiłam więc kwarc różowy, ametyst, granat i milion innych kamieni. Jakiejkolwiek nazwy by tu nie wymienić – miałam je wszystkie. Mężczyzna, od którego je kupowałam, powiedział mi, że nie mam szans na ten biznes, ponieważ jestem kobietą. Taki był jego punkt widzenia. W Indiach nie było ani jednej osoby, od której usłyszałabym: „Brawo Simone! Dawaj, dawaj!". Mimo to, wciąż byłam gotowa podążać za moim wiedzeniem i cieszyć się każdym wyborem, którego dokonywałam. To wszystko było dla mnie niezwykłą przygodą.

Zaczęłam sprzedawać kamienie i biżuterię hurtowo, a także na targowiskach w Australii. Potem wracałam do Jaipur, żeby kupować jeszcze więcej. Biżuterię kupowałam również w Tajlandii. Jest w Bangkoku taka ulica – nazywa się Khao San Road – gdzie znajduje się ogromne targowisko, podobne do tego w Paharganj. Spotkałam tam wielu ludzi z Zachodu, którzy robili dokładnie to samo, co ja. Spotykaliśmy się, by wymieniać się informacjami i kontaktami, dzięki czemu byliśmy dla siebie wzajemnym wsparciem w naszych osobistych sukcesach. Z mojego punktu widzenia, jeśli moim znajomym sprzedawcom udawało się z nowymi projektami, mnie też mogło się udać. Zawsze byłam gotowa wspierać innych, by zarabiali więcej pieniędzy. Do dziś sprawia mi to wielką radość. Dlatego podobała mi się praca z ludźmi z całego świata i sposób, w jaki nawzajem sobie pomagaliśmy. Funkcjonowanie z przestrzeni wsparcia ma w sobie ogromny potencjał. Gdyby nasze działania wynikały wtedy z konkurencji, nasze biznesy prawdopodobnie zaczęłyby się kurczyć, by w końcu ulec zniszczeniu, a my nie doświadczalibyśmy wtedy ani sukcesów, ani radości. Pamiętaj, pieniądze podążają za radością; radość nie podąża za pieniędzmi. Świadomość tej prostej prawdy bardzo się przydaje.

Wkrótce potem zaczęłam jeździć do Kathmandu w Nepalu. Zazwyczaj wybierałam podróż samolotem przez Himalaje, podczas której mogłam podziwiać najpiękniejsze widoki świata. (O tak, w odpowiedniej porze roku wygląda to dokładnie tak, jak na pocztówkach!) Lubiłam wędrować uliczkami tego miasta. Były tam wspaniałe malutkie kafejki serwujące cudowną herbatę i miało się wrażenie, że tamtejsi ludzie byli wdzięczni, że odwiedza się ich kraj.

Po jakimś czasie podróżowania do Indii i z powrotem zauważyłam, że będąc w Indiach większość czasu spędzam w hotelowym pokoju. Praca w Tajlandii i Nepalu bardziej mi się podobała. Zaczęłam więc zadawać pytania, co jeszcze mogłam importować z tamtych krajów. Skończyło się na projektowaniu linii kapeluszy. Powstała marka o nazwie *The Shack* i duża część mojego biznesu przeniosła się do Nepalu. Sprawiało mi to więcej radości – a ja zawsze chciałam za nią podążać. Musisz być gotowy zmienić każdą rzecz, gdy tylko przestaje dla ciebie pracować.

Nasze bawełniane kapelusze wykonywane były przez kobiety z rolniczych wiosek, a dwaj mężczyźni zajmujący się kontrolą jakości, wysyłali gotowe kapelusze do nas, do Australii. Ci ludzie byli zjawiskowi. Praca, którą zaproponowaliśmy tym kobietom, umożliwiała im utrzymywanie swoich rodzin. W dodatku, mogły ją wykonywać w domu, korzystając z pomocy swoich dzieci, zamiast wysyłać je do Kathmandu, gdzie pracowałyby one na ulicach, przykładowo czyszcząc buty turystom.

W Nepalu współpracowałam także z kobietą o imieniu Ziering. Była ona wytrawną businesswoman i doskonale wiedziała co robi. Zdawała sobie sprawę, że to, co przynosiło najwspanialsze rezultaty, to sprawianie, by ludzie czuli się szczególni i wyjątkowi. Ziering zawsze traktowała mnie z wielkim szacunkiem. Bywałam u niej w domu i zawsze, gdy przekraczałam próg jej sklepu, czekała tam na mnie filiżanka herbaty. Kupowałam u niej kaszmir z dodatkiem jedwabiu (wspaniałe kaszmirowe szale) i różne inne wełniane rzeczy. Ziering współpracowała z tybetańskim kobietami przebywającymi na uchodźstwie w Nepalu.

W krajach takich jak Indie i Nepal, czarny rynek jest dość prężny, ale Ziering znana była z legalnej działalności i wspierania innych, tak jak w przypadku kobiet z Tybetu. W Nepalu biedni i uchodźcy nie mogą liczyć na rządowe wsparcie. Płaciliśmy tym kobietom za każdą sztukę swetrów, kapeluszy i rękawiczek, które wykonały. Miałam zwyczaj odwiedzania ich w domach niedaleko rejonu zwanego Thamel. Niektóre domy były malutkie. Nie należę do bardzo wysokich, a bywało i tak, że w wchodząc do niektórych z nich nie mogłam się wyprostować. Uwielbiałam pracę z tymi ludźmi. Tybetańczycy byli wdzięczni za możliwość przebywania w Nepalu. Jeśli tylko chcieli zarabiać dużo pieniędzy i nie bali się ciężkiej pracy, mogli tego dokonać. Ale mogli też zarabiać tyle, ile wystarczało na posłanie dzieci do szkoły i jedzenie. Z łatwością dostrzegało się różnicę pomiędzy tymi, którzy wybierali więcej w swoim życiu, a tymi, którym do szczęścia potrzebny był jedynie dach nad głową i jedzenie dla dzieci.

Czasami przynosiłam książki dla dzieci uchodźców i płaciłam za ich szkolną edukację. Wszystko to pasowało do energii tego, co wiedziałam, że jest możliwe i dawało mi to dużo radości. Robiłam pieniądze bawiąc się i nigdy nie wiedziałam, co przyniesie kolejny dzień. Życie było wspaniałą przygodą (i wciąż nią jest). Wyznawałam zasadę, że jeśli coś nie jest dla mnie radością, dlaczego miałabym to robić? Nie ma takiej rzeczy, którą robiłabym dlatego, że muszę. Uwielbiałam pracować z ludźmi, którzy chcieli robić coś, by kreować swoje życie. Wierzę, że każdy z nas może zmieniać świat, bez względu na to, w jaki sposób to robi.

Sprzedawałam hurtowo nasze kapelusze w całej Australii. Mój biznes odniósł sukces i stał się rozpoznawalny. Miałam swoje biuro o powierzchni 80 metrów kwadratowych, pełne szaf, z których wyglądały barwne kapelusze. I znów, w pewnym momencie, zapragnęłam wykreować coś nowego. Zaczęłam więc pytać: "Co jeszcze jest możliwe?".

Na chwilę wróciłam do Londynu i pewnego dnia, dzierżąc w dłoni całodzienny bilet, wyruszyłam na wycieczkę po mieście dużym czerwonym dwupiętrowym autobusem. Jeździliśmy z dzielnicy do dzielnicy, obserwując i przyglądając się wszystkiemu. Zauważyłam, że bez względu na to, czy była to bogata czy też biedna okolica, nie ważne, czy zamieszkiwali ją Żydzi, Czarni, czy Pakistańczycy, szczęścia nie było w żadnej z nich. To, czy ludzie mieli pieniądze, czy nie, nie miało większego znaczenia, podobnie jak kolor ich skóry, wyznanie, czy dzielinica, jaką zamieszkiwali. Wszyscy emanowali smutkiem. Myślałam sobie: "Nic z tego nie rozumiem. Ta planeta jest zadziwiająca. Dlaczego wszyscy są tacy smutni? Dlaczego tak bardzo ekscytują się traumą i dramatem życia, a nie możliwościami? Co mogłabym tutaj wykreować, żeby to zmienić?"

Good Vibes for You

Postanowiłam wykreować biznes, który podniósłby poziom szczęścia na świecie i zmienił sposób, w jaki ludzie patrzą na życie. Wymyśliłam dla niego nazwę *Good Vibes to You* [Dobre wibracje do Ciebie] i używałam jej przez kilka miesięcy, ale nie do końca byłam z niej zadowolona. Miała w sobie swego rodzaju przymus. Zmieniłam ją więc na *Good Vibes for You* [Dobre wibracje dla Ciebie] i energia tej nazwy była dużo bliższa temu, co pragnęłam wykreować. Była lżejsza. Chcesz dobrych wibracji? Są tutaj. Nie chcesz dobrych wibracji? W porządku. Gdy tylko zechcesz, będą tu na ciebie czekać.

Powróciłam do Australii i zajęłam się projektowaniem stylowych koszulek w jaskrawych barwach z inspirującymi napisami, z myślą o młodszej generacji imprezowiczów. Wyobrażałam sobie, że nosząc taką koszulkę, można być zaproszeniem dla wszystkich, którzy czytając, będą mogli stawać się bardziej świadomi, zmieniać coś w swoim życiu i kreować więcej radości. Znalazłam osobę, która zaprojektowała nasze logo, na którym widniała duża tęcza z napisem „Good Vibes for You" i zaczęłam sprzedawać koszulki podczas różnych wydarzeń i weekendowych targów.

Na jednej z moich ulubionych koszulek widniał napis: „Wyobraź sobie, co byś zrobił, gdybyś wiedział, że porażka jest niemożliwa". Według mnie, nie ma czegoś takiego jak porażka i nie da się czegos zrobić źle. Czasami po prostu rzeczy wyglądają inaczej, niż się tego spodziewaliśmy – nie zgadzają się z naszymi planami. Tak naprawdę i tak nigdy się z nimi nie zgadzają. Nie znam ani jednej osoby, która zrealizowałaby swój biznes lub życiowe cele zgodnie z planem.

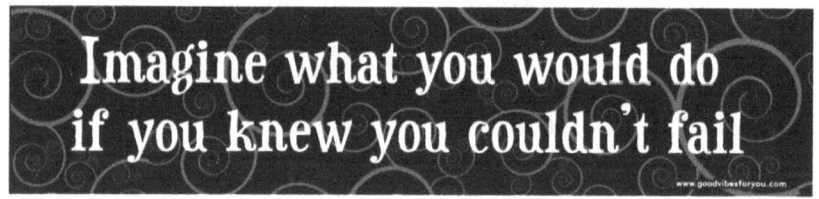

Wyobraź sobie, co byś zrobił, gdybyś wiedział, że porażka jest niemożliwa.

Napis na innej koszulce mówił: „Bądź otwarty na każdą chwilę życia". Pewnego dnia, podczas targów, miałam na sobie właśnie tę koszulkę, gdy spojrzał na nią przechodzący mężczyzna. Po chwili spojrzał prosto w moje oczy i dostrzegłam zmianę, która ogarnęła całe jego istnienie. Wiedziałam, że właśnie w tej chwili dostrzegł on zupełnie inną możliwość. Pojął, że coś jeszcze jest możliwe. I nawet, jeśli trwało to przez moment, sprawiłam, że zmienił sposób, w jaki do tej pory patrzył na świat. Energia, która się wtedy pojawiła, pasowała do tego, co chciałam kreować. Pragnęłam, by każda osoba na tej planecie wiedziała, że istnieją wspanialsze możliwości. Wszystko przecież jest możliwe.

Bądź otwarty na każdą chwilę życia.

Było jeszcze kilka innych napisów, np.: „Bądź zmianą, którą chcesz zobaczyć na świecie", „Kreuj swój Świat", „Zrób coś poza własną strefą komfortu", albo „Czego ta planeta wymaga od ciebie?". Wielu ludzi mówiło o tym, co powinniśmy zrobić, by uratować naszą planetę, ale rzadko kto kierował to pytanie prosto do niej: „A czego *ty* chcesz planeto?". Niektórzy ludzie podchodzili do mojego stoiska i czytali napisy na koszulkach, niczego nie kupując. Mówili tylko: „Podchodzę tutaj, czytam te napisy i czuję się jakoś inaczej". I znów, kreowałam to, czego pragnęłam. Zmieniałam sposób, w jaki ludzi patrzyli na swoje życie.

Pewnego dnia pojawiła się kobieta w średnim wieku, która kupiła dziesięć koszulek. Nie zamierzała ich nosić – planowała powiesić je w swoim domu, gdyż uważała, że to, co robię, było niesamowite. To zdarzenie sprawiło, że zamieniłam się w pytanie. Co jeszcze mogę wykreować? Czy jest coś, co zainteresowałoby każdego, a nie tylko młodsze pokolenia? Co jeszcze mógłby zobaczyć ten świat? Zaczęliśmy projektować magnesy i nalepki z tymi samymi hasłami, co pozwoliło nam dalej rozwijać nasz biznes. Gdy wybierasz świadomość i pozostajesz w pytaniu, zawsze wiesz jak i kiedy rozszerzyć swój biznes.

Innego dnia, zadzwoniła do mnie kobieta, która kupiła jeden z magnesów z napisem: "Wyobraź sobie, co byś zrobił, gdybyś wiedział, że porażka jest niemożliwa". Miała szóstkę dzieci i męża, który bił ją od lat. Myślała kiedyś, że jej sytuacja jest bez wyjścia. Począwszy od dnia, kiedy kupiła swój magnes i umieściła go na lodówce, każdego ranka czytała umieszczony na nim napis. Po sześciu miesiącach, nadszedł dzień, gdy razem z dziećmi opuściła poniżającego ją męża. Chciała podziękować mi za słowa na magnesie, które dały jej siłę i odwagę, by pojąć, że opuszczenie męża jest w ogóle możliwe. Ten magnes kosztował pięć dolarów. Gdybym postrzegała sukces mojego biznesu przez pryzmat tych pięciu dolarów, które mi zapłaciła, czy byłby to dla mnie wielki sukces? Z pewnością nie. Z drugiej strony, mierząc kaliber mojego sukcesu poprzez zmianę, jaka została wykreowana w życiu tej kobiety, oraz to, jak wpłynęła ona na szóstkę dzieci, byłam wielka.

Innym razem, podczas jakiegoś festiwalu, pojawił się przy moim stoisku mężczyzna, ubrany jak typowy członek motocyklowego gangu. Przyglądał się naklejkom, które sprzedawałam. Miał długie, związane z tyłu włosy, nosił koszulkę z napisem Jack Daniels, skórzane spodnie, oraz duże ciężkie buty. Na jego skórzanej motocyklowej kurtce widniało klubowe logo. Gdy podawał mi pieniądze, zapytałam:

– Którą wybierasz?

– "Bądź sobą i zmieniaj świat" – powiedział.

Zapytałam, gdzie zamierza ją umieścić.

– Na tyle mojego motocyklu – odpowiedział.

Pomyślałam sobie: "To niesamowite. Jak może być jeszcze lepiej?" I znowu odniosłam sukces. Ilu ludziom uda się przeczytać tę naklejkę z napisem "Bądź sobą i zmieniaj świat"?

Moje początki w biznesie

Bądź SOBĄ i zmieniaj świat.

Butelkowana woda Good Vibes for You

Od czasu, gdy sprzedawałam T-shirty na festiwalu w Sydney, mój biznes Good Vibes for You zmienił się ogromnie. Mimo to, nasz cel, by być zmianą, jaką chcemy widzieć w świecie, pozostał ten sam.

Pewnego dnia, podczas jednej z klas Access Consciousness®, w której brałam udział, niosąc butelkę z wodą, przykleiłam na niej jedną z moich naklejek, żeby nie pomylić jej z butelkami innych osób. Inni ludzie zaczęli robić dokładnie to samo. Po niedługiej chwili miejsce zapełniło się butelkami wody z naklejkami Good Vibes i sloganami takimi jak: „Bądź sobą i zmieniaj świat", „Co jeszcze jest możliwe?", albo „Nieograniczone istnienie, nieograniczone możliwości".

Ktoś powiedział mi: „Simone, Good Vibes powinny zająć się wodą w butelkach oklejonych tymi napisami". Jestem snobem, jeśli chodzi o wodę i lubię tylko wybrane jej rodzaje, ale w tamtym czasie nie było akurat na rynku żadnej wody, która dawałaby poczucie siły ludziom i tej planecie. Tak więc, mój partner biznesowy zainteresował się możliwością stworzenia nowego produktu w postaci wody butelkowej. Skontaktowaliśmy się z człowiekiem, który posiadał dostęp do naturalnego źródła wody niedaleko Sydney, gdzie zaraz potem udaliśmy się moim kabrioletem. Facet pokazywał nam swoją posiadłość i cały czas rozmawialiśmy o nowym biznesie.

Zapytałam go:

– Jak wielu ludzi zaczyna interesować się wodą, jako pomysłem na biznes?

– Możliwe, że od 500 do 1000 tygodniowo. Wszyscy myślą, że zrobią milion dolarów sprzedając wodę, więc idą i dokonują przedpłaty na nowe Ferrari.

Zaśmialiśmy się, a ja powiedziałam:

– No cóż, ja już jestem właścicielem tego kabrioleta...

Ten facet zachwycił się konceptem, jaki chcieliśmy wprowadzić do sprzedaży wody. Butelka w pełni podlegająca biodegradacji, a na niej kolorowe inspirujące naklejki, niosły poczucie zabawy i lekkości. Od pierwszego dnia dodawał nam otuchy i robił wszystko, co tylko mógł, żeby nam pomóc. To poczciwy australijski gość. Gdy pewnego dnia jeden z naszych potencjalnych klientów przyleciał do Australii z innego kraju, nasz dostawca udał się na lotnisko w Sydney, żeby odebrać go z lotniska, po czym zabrał go na objazdową wycieczkę, pokazując mu swoje źródła i opowiadając, że to właśnie z nami najbardziej lubi robić interesy. Wykreował nas na dużo większych, niż byliśmy w rzeczywistości. Mawiał do nas: „Naprawdę chcę, by wasz biznes z wodą odniósł sukces. Podoba mi się współpraca z wami". Dla mnie, tym jest radość biznesu – praca z ludźmi, którzy są szczęśliwi, że współpracują z tobą i twoim biznesem. Jak może być jeszcze lepiej?

Biznes związany z wodą to ciężki kawałek chleba. To świat, w którym wiele ogromnych korporacji prowadzi walkę. Zażartowaliśmy sobie z tego na jednej z naszych naklejek, na której widniał napis: „Jesteśmy najmniejszą firmą na tej ogromnej arenie". Wnieśliśmy w przestrzeń tego biznesu element zabawy i zostało to dostrzeżone. Takie podejście zaczęło przyciągać ludzi, którzy chcieli robić z nami interesy. Według mojego postrzegania, oni po prostu zauważyli, że jesteśmy inni.

Nawiązaliśmy wspaniałe kontakty na całym świecie i otworzyło się przed nami wiele ekscytujących możliwości w naszych międzynarodowych placówkach. Obecnie zbieramy informacje na temat innych produktów i technologii związanych z wodą, włączając w to maszynę, która przekształca powietrze na wodę. Te niesamowite maszyny zasysają wilgoć z powietrza i wytwarzają dobrą, czystą wodę pitną. Dzięki nim, już nikomu nigdy nie zabrakłoby zdatnej do picia wody. Jest ona nawet lepsza niż filtrowana woda z kranu lub jakakolwiek dostępna woda butelkowa. Każde gospodarstwo domowe powinno być zaopatrzone w taki sprzęt!

Ludzie mówili nam: „Chwileczkę, zajmujecie się butelkowaną wodą, a teraz macie te maszyny. Czy to się ze sobą nie kłóci?".

Odpowiadaliśmy: „Tak, i chcielibyśmy zobaczyć, że wy także ich używacie". Pracujemy nad tym, by nasi klienci zaakceptowali w pełni biodegradalne butelki, co byłoby zbawienne dla środowiska. Jest taka specyficzna energia, jaką zawsze pragnęłam kreować i generować na świecie i wszystkie te rzeczy doskonale do niej pasowały. Dlatego się nimi zajmuję!

W Good Vibes for You nie chodzi o prowadzenie firmy zajmującej się butelkowaną wodą. Nie chodzi o wodę, ani o Good Vibes for You. Pragniemy kreować i generować więcej świadomości, więcej radości i szczęścia na świecie. Czego jeszcze to od nas wymaga?

Czym jest dla ciebie sukces?

Jaki naprawdę jest cel twojego biznesu?

Co jest prawdziwym celem twojego życia i istnienia?

Rozdział 2

CO JESTEŚ GOTOWY OTRZYMAĆ?

Listopad 2002: Spotkanie z Garym Douglasem

Pewnego weekendu, w listopadziee 2002 roku, gdy pracowałam jeszcze na różnych imprezach, postanowiłam pojechać do Sydney, z myślą o sprzedawaniu produktów Good Vibes for You podczas wydarzenia Mind, Body and Spirit Festival. Kilka dni przed wyjazdem otrzymałam informację o śmierci mojej przyjaciółki Erin, która będąc na Bali, gdzie zażywała surfingu, zachorowała na malarię i odeszła. Ta śmierć dosłownie mnie przygniotła. Myślałam sobie: „Erin odeszła, a świat wciąż istnieje, jakby nic się nie zmieniło". Chciałam wszystko odwołać, żeby znaleźć chwilę wyciszenia. Zdecydowanie nie miałam ochoty na wyjazd na festiwal, ale zapłaciłam 6,000 dolarów za stoisko i miałam świadomość, że muszę zarobić dużo pieniędzy, żeby wyjść na czysto.

Nie czułam się dobrze rozkładając jak zawsze swoje stoisko, ze świadomością, że właśnie straciłam przyjaciela. Ale byłam tam, szykując się do pracy i czułam, jak z każdą minutą narasta we mnie złość. Byłam wściekła na wszechświat z powodu śmierci Erin. Byłam zła, że stało się to tak szybko. Wkurzało mnie, że przytrafiło się to jednej z najcudowniejszych osób, jakie spotkałam w swoim życiu i nie miałam ochoty na żadne kłamstwa ani bzdury w mojej przestrzeni.

Ludzie, którzy rozkładali swoje towary naprzeciwko mnie należeli do jakiejś duchowej grupy i doprowadzali mnie do szału swoimi donośnymi głosami i śmiechem. Ten śmiech wydawał mi się taki nieprawdziwy. Nie było w nim radości. Odczuwałam go raczej jako udawanie tego, czym naprawdę jest szczęście. Ci ludzie przytulali się nawzajem do serc. Chcieli nawet przytulać mnie, ale to wszystko wyglądało, jak jakaś totalna farsa. Oni nie wyglądali na prawdziwie szczęśliwych. Zdawało się, że żaden z nich nie żył takim życiem, jakiego pragnął. Chciało mi się krzyczeć: „Nie! Odejdźcie. Czasami rzeczy nie są takie proste. Czasem życie jest do dupy. Czasami życie może ci zbrzydnąć". Miałam ochotę potrząsnąć każdym z nim i powiedzieć: „Obudź się! Jak naprawdę chcesz – ale tak naprawdę – żeby wyglądało twoje życie? Czy to ci wystarcza?".

Dokładnie w tamtym momencie podeszli do mnie mój przyjaciel i towarzyszący mu założyciel Access Consciousness®, Gary Douglas, który także miał swoje stoisko na tym festiwalu. To było moje drugie z nim spotkanie. Byłam uczestnikiem jednej z wieczornych klas o relacjach, które prowadził i już wtedy zadziwił mnie swoją bezpośredniością. On był prawdziwy. To, co mówił o relacjach, było jak łyk świeżego powietrza. W głowie myślałam sobie: „To znaczy, że jeśli nie chcę wychodzić za mąż i rodzić dzieci, to wszystko jest ze mną OK? Nie ma w tym nic złego? Wspaniale!". Był on pierwszą osobą, która pokazała mi, że to co wiem, jest w porządku – różni się tylko nieco od tego, w co wybierali wierzyć i jak wybierali żyć inni.

Wymieniliśmy z Garym i moim przyjacielem słowa przywitania i próbowałam nałożyć na twarz maskę „wszystko jest w porządku". Krótki uścisk dla przyjaciela, jeszcze krótszy dla Gary'ego i wycofanie.

Gary spojrzał mi prosto w oczy i powiedział:

– Byłabyś znacznie zamożniejsza, gdybyś otworzyła się na więcej otrzymywania. Twój biznes miałby się dużo lepiej, zarabiałabyś dużo więcej pieniędzy i byłabyś szczęśliwsza.

– Jasne. OK, dzięki – opowiedziałam i dodałam w duchu: „Nie ma pan pojęcia, co dzieje się w moim życiu, proszę Pana! Szalony mężczyzna, który nie wie nawet, o czym mówi".

Wróciłam do swoich zajęć i wyrzuciłam z głowy jego komentarz. Przynajmniej tak mi się wtedy wydawało. Tamten wieczór spędziłam u znajomego w Sydney. Byłam wykończona po długim dniu, ale nie mogłam zasnąć. Słowa, które skierował do mnie Gary, wciąż krążyły nad moją głową. Próbowałam rozszyfrować, co przez nie rozumiał. Ja zawsze wszystko rozdawałam innym. Przecież to właśnie powinniśmy robić, czyż nie? Tymczasem to, co powiedział Gary, wywróciło mój świat do góry nogami. Pomyślałam sobie: „To szaleństwo. Czy on powiedział, że mogłabym otrzymywać, raczej niż dawać?". Nie mogłam sobie wyobrazić, jak by to wyglądało. Ta cała sprawa mocno mnie zezłościła.

Następnego ranka byłam taka wściekła, że dotarłszy do miejsca, gdzie odbywał się Mind, Body and Spirit Festival, pomaszerowałam prosto do stoiska Access Consciousness®, przy którym siedział Gary. Stanęłam naprzeciwko niego wspierając ręce na biodrach i zapytałam:

– Co do cholery oznaczały twoje wczorajsze słowa?

Gary spojrzał na mnie i uśmiechnął się, po czym spytał, co dokładnie mam na myśli.

– Powiedziałeś mi, że będę znacznie zamożniejsza, gdy otworzę się na otrzymywanie – zaczęłam. – Nigdy nie myślałam, że wolno mi otrzymywać. Byłam przekonana, że moim zadaniem w życiu jest dawać, a nie otrzymywać.

Nie pamiętam, co mi wtedy odpowiedział. Pamiętam jednak to uczucie spokoju po naszej rozmowie. W moim wszechświecie zrobiło się lżej. Wiedziałam, że było coś prawdziwego i właściwego w tym, co mówił. Czułam się jakby bardziej sobą. Niewielu ludzi w moim życiu zachęcało mnie do tego. Sama obecność tego mężczyzny sprawiała, że wybierając siebie, bez względu na to, jak by to miało wyglądać, czułam swobodę i wewnętrzny pokój.

Wieczorem wypiłam kilka drinków i kolejnego dnia podczas trwania festiwalu, czułam się trochę skołowana. Wędrowałam pomiędzy stoiskami, szukając jakiegoś masażu lub czegokolwiek, co złagodziłoby objawy spożycia alkoholu. Przechodząc obok soiska Access Consciousness®, jedna ze stojących tam kobiet spytała, czy zechciałabym otrzymać sesję Bars. Nie miałam pojęcia, co to oznaczało, ale spojrzawszy na stół do masażu, powiedziałam *tak*. Położyłam się na stole i po mniej więcej pół godzinie tego zabiegu, zaczęłam płakać i wydawało się to nie mieć końca. Miałam na sobie jedną z koszulek Good Vibes for You i wszyscy wiedzieli kim jestem. I oto ja, leżąc na stole do masażu, wypłakiwałam sobie oczy. Usiadłam więc i powiedziałam:

– Muszę wracać do pracy!

Sesja kosztowała 20 dolarów, ale gdy podeszłam, żeby zapłacić, usłyszałam, że był to podarunek dla mnie. I znowu otrzymywanie. Tym razem wybuchnęłam płaczem jeszcze mocniej.

Dokładnie w tamtym momencie zza rogu wyłonił się Gary. Spojrzał na mnie i uśmiechnął się, po czym spytał:

– Czy mam cię przytulić jeszcze raz?

– Nie! – powiedziałam. – Tak. Nie. Nie wiem!

Uścisnął mnie i zaproponował chwilę rozmowy na zewnątrz.

– Nie! Nie wiem. Tak. Nie – odpowiedziałam w podobnym tonie, na co on odrzekł:

– Twój wybór. Jeśli chcesz porozmawiać ze mną, będę czekał za zewnątrz.

Spojrzałam na niego i powiedziałam, że się zagdzam. Gdy szliśmy, czułam jak łzy leją się po moich policzkach i trochę martwiłam się, że nie była to najlepsza wizytówka dla Good Vibes for You, które miało podnosić współczynnik szczęścia na świecie. Rozmowa, którą odbyliśmy pozwoliła mi zobaczyć, że jestem w punkcie, w którym potrafię dostrzegać wartość we wszystkich dookoła, z wyjątkiem siebie. Gary poprosił mnie, bym przyjrzała się i uznała przed sobą, że w jakiś sposób postrzegam innych ludzi, jako lepszych ode mnie, choć zdawało się, że to ja mam potencjał i moc do generowania i kreowania mojego biznesu i własnego życia. Byłam wdzięczna, że pojawiali się oni wokół mnie, choć to ja miałam wkład do zmian, jakie zachodziły w ich życiu. Nigdy nie chciałam tego zauważać. Podczas całej tej wymiany zdań, mój świat wywracał się do góry nogami.

Tamtego dnia Gary miał prowadzić wieczorny wykład, na który postanowiłam się wybrać. To, o czym tam opowiadał, dokładnie współgrało z tym, co chciałam kreować w Good Vibes for You i on miał do tego narzędzia. Po raz pierwszy słyszałam, by ktoś mówił o zmianie, która wiedziałam, że jest możliwa na tym świecie.

Sama uważałam się wtedy za odrobinę stukniętą. Byłam gotowa, by ludzie mówili nawet, że jestem hipiską, myśląc, że to jedyny sposób, w jaki mogliby zaakceptować to, kim jestem. Ale nagle pojawił się Gary – świetnie ubrany – w którego wyglądzie nie było nic dziwnego, a mówił o wszystkich tych rzeczach, które wiedziałam, że są możliwe, choć wydawało się, że nikt by w to nie uwierzył.

Radość biznesu

Podczas swojego wykładu, Gary często używał przekleństw. Wciąż odczuwając złość i smutek po stracie Erin, myślałam sobie: „Dzięki Bogu, że ktoś tutaj jest wreszcie autentyczny". To sprawiło, że jeszcze bardziej chciałam go słuchać. Nie miałam już cierpliwości, by znosić jakiekolwiek udawanie. Byłam pod takim wrażeniem, że postanowiłam zostać w Sydney tydzień dłużej, by wziąć udział w dwudniowej klasie *Out of the Box*, którą Gary miał poprowadzić podczas najbliższego weekendu. Był akurat listopad – najbardziej ruchliwy miesiąc w ciągu całego roku. Mimo to, zadzwoniłam do mojej załogi w Brisbane i powiedziałam im, że nie wracam. Spytali, co przez to rozumiem, więc wyjaśniłam, że zostaję w Sydney jeszcze przez jeden tydzień i mam zamiar wziąć udział w klasie, którą prowadzi mężczyzna z Access Consciousness®. Byli wkurzeni. To ja kontrolowałam cały nasz biznes, a tu nagle oświadczyłam, że będą musieli poradzić sobie sami przez cały tydzień, w dodatku w najbardziej pracowitym okresie roku. Pytali mnie: „Co mamy robić?", na co odpowiadałam, że na pewno sobie poradzą. Po raz pierwszy zaczynałam dodawać otuchy i mocy moim pracownikom.

Co więcej, powiedziałam im, że jeśli chcieliby także uczestniczyć w tej klasie, zorganizuję dla nich przylot na miejsce (ale nie wyrazili ochoty). Tak więc, udałam się na dwudniową klasę z Garym. Usiadłam z tyłu, blisko drzwi, co dawało mi możliwość ucieczki w dowolnej chwili. Nie zamierzałam trzymać się czegokolwiek lub przebywać w jakimkolwiek miejscu na siłę! Pod koniec tych dwóch dni, moje życie uległo całkowitej zmianie. Gary mówił o tylu rzeczach, które zawsze wierzyłam, że są prawdziwe. Wszystko, o czym mówił, miało dla mnie głęboki sens. Zobaczyłam, że nie myliłam się co do tego, co według mnie naprawdę jest możliwe, oraz że żaden z moich wyborów nie był zły. To był największy prezent, jaki otrzymałam na tamtym kursie.

Zdałam sobie sprawę, jaką wartością Access Consciousness® może być dla świata i postanowiłam zrobić wszystko, żeby każda osoba na świecie mogła się o nim dowiedzieć i móc go wybierać. Po klasie, Gary zwrócił się do mojego znajomego, który zaczynał właśnie prowadzić klasy Access Consciousness® w Australii:

– Powinieneś poprosić o pomoc Simon. Ona powie ci jak założyć biznes Access.

Był on wspaniałym facilitatorem, ale uruchomienie tej działalności sprawiało mu wiele trudności. Nie miał tak zwanego wyczucia biznesu. Byłam zadziwiona faktem, że nie miał nawet adresu e-mail. Założyłam więc dla niego konto i zaczęłam wprowadzać adresy ludzi do listy kontaktów. Zasugerowałam, by wysyłał wiadomości i dzwonił do wszystkich, informując o nadchodzących wydarzeniach. To było moje pierwsze odkrycie, że nie dla wszystkich biznes był tak prosty i radosny jak dla mnie. Nie każdy miał też poczucie dostępnych możliwości.

Gdy kolejnego roku Gary zawitał do Australii, by ponownie poprowadzić tam klasę, to ja zajęłam się wszystkim. Zorganizowałam lokal i noclegi, przygotowałam mailing promujący, wykonywałam telefony i kreowałam całe to wydarzenie od początku do końca. To była największa klasa, jaka kiedykolwiek odbyła się w Australii.

Gary podziękował mi.

– Jestem ci taki wdzięczny – powiedział. – Myślę, że jestem ci dłużny trochę pieniędzy.

– Za co? – spytałam.

– Żeby pokryć koszty wiadomości, które wysyłałaś – odpowiedział, a ja wybuchnęłam płaczem. Znów to otrzymywanie.

Gary tylko się zaśmiał. Mówiłam mu, że nie może się ze mnie śmiać, kiedy płaczę, na co odparł:

– A właśnie, że mogę. To mnie rozśmiesza! – odpowiedział,

po czym podarował mi tę klasę, a ja płakałam potem jeszcze przez godzinę. Całe to otrzymywanie znów przewracało mój świat do góry nogami.

Wkrótce zaczęłam organizować klasy i seminaria w Australii, Nowej Zelandii oraz w różnych częściach Azji. Prowadził je Gary a także jego partner biznesowy Dr Dain Heer. Pewnego dnia Gary i ja rozmawialiśmy o różnych aspektach Access Consciousness® i o tym, co kreowałam i generowałam w Australazji. Powiedział wtedy:

– Potrzebuję w Ameryce kogoś takiego, jak ty.

Spojrzałam na niego i odparłam:

– Ja mogę się tym zająć.

– Jak ci się podoba bycie Koordynatorem Access Consciousness® na cały świat?

Szczęka mi opadła i spytałam:

– Co przez to rozumiesz?

Uśmiechnął się i powtórzył:

– Jak ci się podoba bycie Koordynatorem Access Consciousness® na cały świat?

– Co to oznacza? – spytałam ponownie.

Gary wymienił około pięciu różnych rzeczy, które chciał, żebym wykonywała.

– Bardzo chciałabym to robić – odpowiedziałam.

Gary nie szukał kogoś z biznesowymi kwalifikacjami. Chodziło o energię, którą wiedział, że potrafiłam wygenerować na całym świecie. On dostrzegł moje zdolności, których sama nie potrafiłam wtedy w sobie zobaczyć.

Przy otrzymywaniu wszystkiego, włącznie ze swoją wspaniałością, którą każdy z nas jest, potrzeba ogromnego poczucia bezbronności. Gdy tylko zaczęłam odkrywać swoją zdolność do otrzymywania, zdałam sobie sprawę, że byłam gotowa udostępniać innym narzędzia, by też mogli otrzymywać, podczas gdy ja, uparcie, wciąż wszystko chciałam robić sama. Nie pozwalałam, by inni obdarowywali mnie.

Access Consciousness® zmienił dla mnie to wszystko i nie stało się to z dnia na dzień. Access wciąż zmienia mój model otrzymywania i umiem teraz otrzymywać dużo więcej. Zawsze proszę, by ukazywało się jeszcze więcej i potrafię pomagać innym w zmianie ich postrzegania tego, czym jest otrzymywanie. Gdy otwieramy się na otrzymywanie, świat wygląda zupełnie inaczej.

Gotowość na otrzymywanie

Opisując spotkanie z Garym, chciałam przekazać ci, że umiejętność otrzymywania jest kluczowa dla sukcesu twojego bizesu. Mówiąc o otrzymywaniu, sięgam dużo dalej niż otrzymywanie wyłącznie tego, co jest w życiu dobre. To umiejętność otrzymywania wszystkiego – dobrego, złego, pięknego i brzydkiego. Musisz być gotowy orzymać pieniądze, ale musisz też być gotowy otrzymać ich brak. Musisz być otwarty na otrzymywanie podziwu, uznania i podarunków. Masz umieć otrzymać inormacje i punkty widzenia innych ludzi. Musisz być gotowy otrzymać pochwały i aprobatę, ale także krytykę i osąd. Musisz umieć otrzymywać twój biznes wtedy, kiedy odnosi sukcesy i wtedy, gdy ich nie odnosi. Masz nauczyć się otrzymywać wszystko, absolutnie wszystko i nigdy nie skupiać się na rezultatach.

Prawdziwe otrzymywanie ma w sobie niezwykłą głębię, gdyż wpływa na twoją zdolność postrzegania, wiedzenia, a nawet bycia. Jeśli przykładowo, zdecydowałeś, że w jakimś aspekcie masz rację i nie zamierzasz otrzymać żadnej innej informacji ani perspektywy, nie będziesz wtedy zdolny postrzegać tego, co jest możliwe ponad twoim ograniczonym punktem widzenia. Jeśli nie potrafisz *postrzegać*, odcinasz swoje wiedzenie. A jeśli odcinasz swoje *wiedzenie*, odcinasz swoją świadomość i obecność, którymi sam jesteś. Nie możesz wtedy *być* sobą. Żeby być sobą w biznesie, musisz nauczyć się otrzymywać, postrzegać, wiedzieć i być. Gotowość otrzymywania jest tutaj kluczowa.

Czy jesteś gotowy otrzymać wdzięczność i sukces?

Jedna z moich znajomych jest właścicielką sklepu z odzieżą w Queensland, w Australii. Jest niezwykła w tym, co robi z ludźmi, ich ubraniami i ciałami. Wie dokładnie, czego potrzebują jej klienci, żeby wyglądać pięknie, więc sprawia, że czują się wspaniale w ubraniach, które dla nich wybiera. Ta piękna, wysoka kobieta ma wspaniałe ciało i wspaniale się ubiera. I choć jej zdolności były tak oczywiste dla mnie i wielu innych osób, ona sama nie umiała tego przed sobą przyznać. Była bardzo nieśmiała i wydawało się, że ukrywa to, kim naprawdę jest.

Pewnego dnia spytałam ją:

– Dlaczego nie miałybyśmy wspomnieć o twoim sklepie i o tym, co tutaj robimy, na mojej klasie?

Skrzyżowała ręce, spuściła głowę i powiedziała:

– O nie, nie mogłabym tego zrobić przed całą grupą.

Nie umiała tego otrzmać. To, co robiła, było dla niej tak łatwe, że nie potrafiła dostrzec w tym żadnej wartości. Nie umiała otrzymać ani uznania, ani wdzięczności innych.

Odkąd zaczęła jednak używać narzędzi Access Consciousness®, jej gotowość otrzymywania wzrosła niebywale. Teraz prowadzi już dwa sklepy i ma własną markę odzieżową. Jest także osobistą stylistką wielu ludzi na całym świecie. Dzisiaj potrafi otrzymać sukces, na który się otworzyła! Czy choć trochę przypominasz moją znajomą? Czy potrafisz otrzymywać podziękowania i wyrazy uznania, którymi obdarzają cię inni? Czy jesteś gotowy otrzymywać wdzięczność, jaką ludzie mają dla ciebie i twojego biznesu – czy od tego wszystkiego uciekasz? Czy jesteś otwarty na to, by otrzymać sławę? Czy naprawdę chcesz otrzymać sukces?

Czy jesteś gotowy otrzymać pieniądze?

Przez wiele lat mój ojciec próbował dawać mi pieniądze, a ja zawsze mu odmawiałam. Dziękowałam mu, mówiąc, że nie potrzebuję jego pieniędzy i dam sobie radę bez nich. Po tym, jak wzrosła moja umiejętność otrzymywania, wreszcie potrafiłam przyjąć pieniądze, które mi oferował. Zobaczyłam wtedy, jak bardzo był szczęśliwy i wdzięczny za to, że chciałam je od niego otrzymać. Dotarło wtedy do mnie, że przez wiele lat nie pozwalałam, by mogło się to stać! Zdałam sobie sprawę, że brak umiejętności otrzymywania blokuje radość dawania, radość bycia wsparciem, a także lekkość w biznesie.

Jeżeli zamierzasz odnieść sukces w biznesie, musisz być gotowy otrzymywać pieniądze od każdego, bez osądu. Musisz nauczyć się otrzymywać pieniądze od ludzi, którzy cię podziwiają, jak i od tych, za którymi nie przepadasz. Jak by to było, gdybyś był gotowy na otrzymywanie przypływów gotówki i innych form zapłaty, takich jak samochód albo nowy komputer, skądkolwiek i gdziekolwiek? Wiesz co? Potrafisz! Wszystko, co musisz zrobić to poprosić – i otrzymać.

Całkiem niedawno, przyjaciółka szukała mieszkania w Los Angeles i razem odwiedziłyśmy trzy różne dzielnice. Oglądałyśmy wybrane miejsca, próbując poczuć, które z nich byłoby dla niej najlepsze. Odkrywanie tego, co jesteśmy w stanie otrzymać okazało się bardzo interesującym ćwiczeniem. Ja dorastałam w trochę bardziej zamożnej rodzinie klasy średniej, więc, gdy tylko przejeżdżałyśmy przez okolice, gdzie domy przypominały miejsca, które pamiętam z dzieciństwa, moja reakcja była taka: „Tak, mogłabym tu mieszkać!". Było to coś, co już znałam i dlatego byłam gotowa to otrzymać.

Potem pojechałyśmy do bardzo zamożnej dzielnicy zwanej Bel Air i usłyszałam własny szept: „Czy wolno nam tu w ogóle przebywać?". Pojawiła się tam energia, której nia znałam i czułam się z nią dość niekomfortowo. To była energia milionów albo miliardów dolarów, których nie byłam gotowa otrzymać.

W końcu znalazłyśmy się w dzielnicy, która była dużo mniej zamożna i zauważyłam, że znów poczułam dyskomfort. Myślałam sobie: „*Nigdy* bym tutaj nie zamieszkała!". Byłam gotowa otrzymać jedynie taką energię, którą znałam i to dawało mi poczucie komfortu. Czy widzisz teraz, w jaki sposób nieumiejętność otrzymywania energii milionów dolarów może wpływać na twój biznes? Albo jak może odstraszać twoich klientów ten dyskomfort w obcowaniu z energią dużo mniejszych pieniędzy niż te, do których przywykłeś? Czy jesteś gotowy, by podejmować niezwykle zamożnych klientów? Czy potrafisz otrzymać takich, którzy są kiepsko ubrani? Czy jesteś otwarty, by otrzymać masę pieniędzy? Albo kompletny ich brak?

Co jesteś gotowy otrzymać?

Czy jesteś gotowy otrzymywać ogromne ilości pieniędzy? Czy jesteś gotowy na bycie docenianym i uwielbianym? Czy jesteś gotowy stać się pożądanym – nie przez kilka osób, ale przez tysiące? Czy jesteś gotowy, by inni chcieli kraść twoje pomysły, twoje projekty, twoje prace artystyczne? Wszelka energia, której nie chcesz otrzymać, staje się energią kreującą ograniczenia ciebie, twojego biznesu i twojej finansowej rzeczywistości.

Jeśli twój biznes nie jest sukcesem, jakiego pragniesz, przyjrzyj się swojej gotowości otrzymywania wszystkiego i czegokolwiek. Zadaj sobie pytania:

- *Czego nie chcę otrzymać?*
- *Jakiej energii nie jestem gotowy otrzymać, która wykreowałaby sukces ponad wszystko, co jestem sobie w stanie wyobrazić?*

Czy zechcesz to zmienić – i otrzymać wszystkie te rzeczy? (To może zmienić cały twój świat!)

Kluczem do sukcesu twojego biznesu jest twoja zdolność otrzymywania.

Rozdział 3

PROWADZENIE BIZNESU BEZ OSĄDU

Jedną z największych przeszkód stojących na drodze do prawdziwego otrzymywania jest osąd. Jeśli potrafisz wznieść się ponad wszystkie swoje osądy i konkluzje o tym, jak rzeczy powinny wyglądać i po prostu postrzegać i otrzymywać to, co pojawia się przed tobą, w twoim wszechświecie ukaże się dużo więcej możliwości wyboru. Jest to funkcjonowanie z poziomu postrzegania. Postrzeganie jest zwiewne jak wiatr. Nie jest niczym stałym. Ciągle ulega zmianie.

W przeciwieństwie do tego, osądy, uczucia, decyzje i konkluzje, sprawiają wrażenie stałych. One wiążą się ze wszystkim, co uznałeś za dobre lub złe. Gdy tylko zaczynasz cokolwiek osądzać – wszystko jedno, czy jest to pozytywny czy negatywny osąd – odcinasz swoją zdolność otrzymania czegokolwiek, co wykracza ponad ten osąd. Każdy osąd, którego dokonujesz, powstrzymuje cię od otrzymania czegokolwiek, co do niego nie pasuje. Przykładowo, gdy osądzasz swój biznes jako nieudany, czy będziesz w stanie dostrzec, co jest w nim dobrego? Czy będziesz potrafił skorzystać ze wspaniałej możliwości, która właśnie się pojawiła? Nie. Podobnie, gdy osądzasz swój biznes jako sukces. Czy będziesz wtedy zdolny zobaczyć, co w nim nie działa i co aż prosi się o zmianę? Nie. Zarówno w jednym, jak i drugim przypadku, masz klapki na oczach i nie pozwalasz, by dotarła do ciebie jakakolwiek informacja, która nie zgadza się z tym, co już zdecydowałeś. Widziałeś kiedyś klapki na oczy, jakie noszą konie wyścigowe? Mając je na oczach, jedyną rzeczą, na jakiej się skupiają, jest punkt końcowy linii mety. Klapki nie pozwalają im na świadomość tego, co dzieje się wokół nich. Czy zechciałbyś więc zdjąć z oczu swoje klapki i stać się świadomym wszystkich możliwości? Możesz tego dokonać wychodząc z ograniczeń własnych osądów i otwierając się na otrzymywanie wszystkiego.

Jakich osądów dokonałeś na temat swojego biznesu?

Ludzie biznesu często pytają mnie, jakie są dane demograficzne dla Good Vibes for You, a ja odpowiadam: „No cóż, każdy, kto pragnie zmienić swoje życie jest mile widziany!". Jak by to było, gdybyś nie miał żadnych osądów ani projekcji, składających się na model twojego biznesu? Jak by to było, gydyś po prostu był gotowy przyjąć każdego, kto się pojawi, nie ważne czy będzie mówił ci, że nigdy nie odniesiesz sukcesu, czy też sam ogromnie się do niego przyczyni?

Oczywiście, może pojawić się grupa odbiorców lub klientela szczególnie skłonna polubić twoje produkty i usługi, lecz jeśli zaczniesz funkcjonować poprzez konkluzję, że to jest twoja klientela, nie pozwolisz pojawić się nikomu i niczemu innemu. Jeżeli określisz specyficzną grupę odbiorców dla twojego biznesu i postanowisz sprzedawać swoje produkty lub usługi tylko kobietom pomiędzy 15 a 25 rokiem życia, nie zdziw się, jeśli twój biznes będzie zaproszeniem wyłącznie dla takiej grupy. Jeśli jednak odważysz się zapytać: „Czego jeszcze potrzebuje mój biznes, żeby stać się zaproszeniem dla kogokolwiek, kto pragnie zmienić swoje życie?", otworzysz przestrzeń, która przyjmie każdego.

Czy zdarza ci się czasami osądzać biznes i jego możliwości osiągnięcia sukcesu? „Ten biznes nie przyniesie pieniędzy" jest projekcją i osądem. Zamiast tego, możesz spytać:

- *Co musi się tutaj zmienić?*
- *Co moglibyśmy tutaj zmienić?*
- *Czy możemy to zmienić?*
- *Jak możemy to zmienić?*

Czy spostrzegasz, jak osądy zamykają energię – a pytania ją otwierają? Gdy zadajesz pytanie, zapraszasz więcej świadomości, a wraz z nią, więcej możliwości, które mogą się wtedy pojawić.

Czy masz jakieś osądy na temat tego, co jest, a co nie jest możliwe w biznesie? Lata temu pracowałam z facetem, który dorastał w bardzo trudnych warunkach. Jego doświadczenia sprawiły, że miał skłonność do funkcjonowania poprzez decyzje i osądy. Podsumowywał wszystko mniej więcej tak: „Musisz ciężko pracować dla pieniędzy", a gdy pojawiała się wspaniała możliwość, zwykł mawiać: „Och, to się nigdy nie wydarzy!". Czymkolwiek to było, stawiał temu na drodze swój osąd i zatrzymywał przypływ tego, co mogło się zdarzyć. Czy zechciałbyś więc zmienić energię każdego ustanowionego przez ciebie osądu i konkluzji, oraz pozwolić nieograniczonym możliwościom ukazać się dla ciebie i dla twojego biznesu?

Czy osądzasz swoich klientów?

Gdy w twoim biznesie pojawiają się ludzie, czy masz zwyczaj osądzania ich natychmiast? Czy dokonujesz oceny ich wyglądu? Czy określasz, ile mają pieniędzy, ile pieniędzy im brakuje, oraz ile zamierzają wydać? Czy decydujesz, z którymi klientami chcesz współpracować, a z którymi nie? Większość z nas tak właśnie postępuje i to niesamowicie nas ogranicza.

Pamiętam kobietę, z którą pracowałam nad jej biznesem związanym z pracą z ciałem, który prosperował niezbyt dobrze. Zastanawiała się, dlaczego nie ma zbyt wielu klientów. Po krótkiej rozmowie powiedziała:

– Ja chcę pracować wyłącznie ze świadomymi ludźmi.

Gdy dokonujesz takiego osądu, twój biznes nie będzie się rozwijał! Ona nie zdawała sobie sprawy, jak bardzo jej osąd nie pozwalał, by pojawiali się u niej klienci. Skoro nie potrafisz otrzymać ludzi takich, jacy są, jak możesz otrzymać od nich pieniądze?

Interesujący punkt widzenia

Wiele miesięcy temu, kilka osób zachęcało mnie, żebym założyła bloga o Access Consciousness® i tam mówiła o tym, czym zajmuję się na całym świecie. Pomyślałam, że spróbuję. Wiedziałam, że nie każdy pokocha moje posty i pewnie wywołają one wiele gwałtownych reakcji i osądów. Rzeczywiście tak się stało. Natychmiast znalazł się bloger, który dodawał krytyczne komentarze do niektórych moich wpisów.

Gdy ktoś posyła w twoim kierunku osąd, chciałbyś od razu sprzeciwić się temu i zareagować, mówiąc: „Jak oni mogli tak powiedzieć?", lub jakoś się do tego dopasować i z tym zgodzić, co zabrzmiałoby: „Wiecie co? Rzeczywiście, jest dokładnie tak, jak mówią – nie mam racji (mam rację)". Bardzo niewielu ludzi potrafi w takiej sytuacji mieć po prostu pozwolenie na wszystko, co można wyrazić w słowach: **"O, to interesujący punkt widzenia"**. Kiedy jesteś w pozwoleniu, osądy spływają po tobie jak woda po kaczce.

Na szczęście, nie dałam się ponieść, by udowodnić innym blogerom, że się mylą. Nie przystałam na to, co pisali, nie zgodziłam się z tym, nie wypierałam tego, ani nie reagowałam. Czytałam ich komentarze i myślałam: "No cóż, bardzo interesujący punkt widzenia". Wtedy odpuszczało. Wiedziałam, że ich osądy nie mają ze mną nic wspólnego. Każdy z nich dotyczył osoby, która je pisała. Jeżeli jesteś gotowy przyjąć osąd, tak naprawdę możesz użyć go na swoją korzyść. Będziesz wiedział z jakiej przestrzeni funkcjonuje osądzająca cię osoba i czego ona nie potrafi otrzymać. W rzeczy samej, możesz nawet użyć tej informacji do manipulowania całą sytuacją tak, by pracowała ona dla ciebie.

Gdy wypieramy coś i reagujemy, lub przystajemy na coś i zgadzamy się z osądami innych ludzi na nasz temat, nasze reakcje odwracają nas od otrzymywania. Kiedy jesteśmy gotowi otrzymać osąd bez żadnego puktu widzenia, możemy wykorzystać go i kreować ponad jego ograniczeniami. Możemy wtedy kreować i generować biznes, jakiego naprawdę pragniemy.

Jeśli chcesz odnieść w biznesie sukces, musisz być przygotowany na wszystko, nie ważne jak to będzie wyglądać. Musisz być przygotowany przyjmować osądy nie tylko od anonimowych blogerów lub przypadkowych znajomych, ale także od biznesowych partnerów i kolegów. Gdy ktoś cię osądza, używaj pytań, proś o jeszcze więcej świadomości i żądaj od siebie bycia w pozwoleniu dla wszystkich tych osądów, czymkolwiek one są. Osądy nie są prawdziwe. Jeśli kupujesz je, sądząc, że są, zatrzymujesz nurt twojego biznesu i dostępnych możliwości. Prawdopodobnie jest to najważniejsza informacja na temat osądów. One nie są prawdziwe. Opierają się na tym, czego dana osoba, która cię osądza, sama nie potrafi otrzymać.

Bądź gotowy na przyjęcie wszystkich osądów, co oznacza bycie w pozwoleniu i traktowaniu ich jako interesujących punktów widzenia. Jeśli zamiast tego, pozwolisz sobie na przystawanie, zgadzanie się, wypieranie i reagowanie, pojawiające się osądy zablokują napływ wszystkich możliwości, zarówno w danym momencie jak i w przyszłości. Otrzymanie osądu jest dużo prostsze! Poza tym, każdy osąd jest tak naprawdę wkładem do kreowania twojego biznesu. Przykładowo, gdy ktoś osądza cię, że jesteś bogaty, będziesz kreował jeszcze więcej pieniędzy. Jeśli ktoś osądzi cię jako człowieka odnoszącego sukces, będziesz zaproszeniem dla jeszcze większego sukcesu.

Syndrom Wysokiego Maka

W Australii funkcjonuje coś, co nazywamy syndromem wysokiego maka. Nie wypada za bardzo się wyróżniać i wystawać z tłumu. Nie wolno ci być bogatym i odnosić sukcesów, chyba, że robisz to z wielkim trudem. A jeśli udaje ci się odnieść wielki sukces z lekkością, ludzie będą osądzać cię bezlitośnie i na siłę dopasowywać do swojego rozmiaru. Dlatego, niektórzy nie myślą nawet o zabieraniu się za cokolwiek wspaniałego, gdyż nie chcą być jak ten wysoki mak, który i tak trzeba będzie przyciąć.

Może teraz zechcesz zapytać: „Dlaczego właściwie muszę otrzymywać osąd? Nienawidzę być osądzany!". Wydaje ci się pewnie, że możesz powstrzymać osądy, które będą się pojawiać, ale to działa zupełnie inaczej. Tak naprawdę, kiedy nie chcesz ich otrzymać, powstrzymujesz otrzymywanie wszyskich rzeczy, które chciałbyś mieć w swoim życiu, włączając w to pieniądze.

Proces oczyszczania

W tym miejscu, chciałabym zapoznać cię z oczyszczającym procesem, którego używamy w Access Consciousness®, byś mógł zacząć uwalniać osądy, które sam możesz mieć o innych, o sobie i o twoim biznesie. Działa to w ten sposób:

Zaczniemy od prostego pytania:

Jakie osądy uznałeś za bardziej prawdziwe, niż nieograniczone możliwości dla ciebie i twojego biznesu?

Nie ma potrzeby poszukiwać odpowiedzi na to pytanie. To, czego szukasz, to świadomość, a nie odpowiedź. Świadomość może ukazać się nie tylko poprzez słowa. Może pojawić się jako energia albo odczucie. Kognitywnie możesz nawet nie wiedzieć, jaka jest odpowiedź. Nie ma znaczenia jak ona do ciebie przyjdzie. Jedyna rzecz, jaką potrzebujesz zrobić, to po prostu zadać pytanie. Wtedy wyrażasz swoją chęć otrzymania całej energii, jaką wywołało to pytanie (jeśli naprawdę chcesz ją otrzymać), jak również gotowość, by ją zniszczyć i odkreować:

Wszystko, co się pod tym kryje, niszczę i odkreuję, razy sam Bóg wie, ile razy.

W kolejnym kroku, należy użyć oświadczenia oczyszczającego, które usuwa twoje ograniczające punkty widzenia, by w twoim życiu i biznesie mogły ukazać się zupełnie nowe możliwości. Oświadczenie to sięga aż do punktu destrukcji (POD – point of destruction) lub do punktu kreacji (POC – point of creation) myśli, uczuć i emocji, bezpośrednio poprzedzających twój osąd i ograniczającą decyzję, którą podjąłeś. To tak, jakby zburzyć domek z kart, wyciągając spod niego tę jedną, która wspiera jego podstawy. Wali się cała konstrukcja. Nie ważne, czy punkt destrukcji i punkt kreacji powstały w zeszłym tygodniu czy sto milionów lat temu. Oświadczenie oszyszczające sięga do pierwszego momentu, gdy zostały one wykreowane i oczyszcza podjęte wtedy decyzje. Dzieje się to energetycznie, gdy tylko używasz pytania i oświadczenia oczyszczającego.

Żeby pojąć, czym jest oświadczenie oczyszczające, trzeba przyjąć, że jest to język energii. Nie ważne, czy rozumie to twój umysł. Wystarczy tego używać. Gdybyś potrafił poradzić sobie ze wszystkim z pomocą twojego logicznego umysłu, miałbyś już dzisiaj wszystko, czego kiedykolwiek pragnąłeś. To, co cię przed tym powstrzymuje, nie jest logiczne. To chore punkty widzenia, które chcemy zniszczyć. Oświadczenie oczyszczające jest skonstruowane tak, by dosłownie usmażyć każdy punkt widzenia, który nie pozwala ci funkcjonować z przestrzeni twojej świadomości i tego, co ty wiesz.

Świadomość i wiedzenie są tym, czym naprawdę jesteś. Jesteś nieograniczonym istnieniem i jako nieograniczone istnienie, możesz postrzegać wszystko, wszystko wiedzieć, być wszystkim i wszystko otrzymywać. Możesz funkcjonować z przestrzeni totalnej świadomości i obecności ze wszystkim, w każdym aspekcie twojego życia, włączając w to biznes, jeśli tylko to wybierzesz.

Możesz funkcjonować poprzez możliwości, wybór, zmianę, żądanie i wsparcie. Możesz otwierać drzwi do tego, co już dzisiaj jest możliwe dla ciebie, twojego biznesu, twojego życia i dla planety. Jeśli jesteś gotowy funkcjonować jako nieograniczone istnienie, którym naprawdę jesteś, możesz zapraszać świat do zmiany, a twój biznes do ekspansji. A przy tym, możesz każdego dnia kreować jeszcze więcej radości, szczęścia i wdzięczności w swoim życiu. Dlatego właśnie oczyszczanie twoich osądów ma taką moc!

Oświadczenie oczyszczające

Gdy tylko wyrazisz swoją gotowość do otrzymania energii, jaką wywołało twoje pytanie, wypowiadasz oświadczenie oczyszczające:

Zgoda niezgoda, dobrze źle, POC i POD, wszystkie dziewięć, w skrócie, ponad, nuklearne sfery.*

Możesz używać pełnego oświadczenia – tak jak zostało ono przedstawione powyżej – lub możesz po prostu powiedzieć: „Wszystkiemu, co się pod tym kryje, robię teraz POD i POC" lub „Wszystko, co przeczytałam w tej książce". To zbierze całą skumulowaną tam energię i zacznie niszczyć i odkreowywać wszystkie zawarte tam punkty widzenia! Po prostu tego spróbuj!

Czytając dalej, znajdziesz w tej książce wiele pytań, które mogą wywołać w tobie energetyczną reakcję. Używaj oświadczenia odkreowującego, żeby oczyścić energię, która będzie się pojawiać. Pamiętaj – tu chodzi o energię, nie o słowa. Ona zawsze pojawia się pierwsza, tuż przed słowami. Nie nadawaj temu znaczenia. Po prostu oczyszczasz w ten sposób energię i wszelkie punkty widzenia, ograniczenia oraz osądy, które sam wykreowałeś. Przetestuj to! Jeśli zadziała – wspaniale! Co najgorszego może się stać? No cóż, może się zmienić cały twój biznes i twoje życie. Może pojawić się więcej pieniędzy i możesz stać się bardziej radosny!

---

* Jeśli potrzebujesz więcej informacji na temat znaczenia słów zawartych w oświadczeniu oczyszczającym, zajrzyj do słowniczka na końcu książki, gdzie znajdziesz bardziej szczegółowe wyjaśnienie.

No dobrze, czy jesteś teraz gotowy na proces? To proste.

Jaki osąd uczyniłem bardziej prawdziwym, niż nieograniczone możliwości dla mnie i mojego biznesu? Wszystko, co się pod tym kryje i wszędzie tam, gdzie nie byłem gotowy tego otrzymać, niszczę i odkreowuję, razy sam Bóg wie, ile razy. Zgoda niezgoda, dobrze źle, POD i POC, wszystkie dziewięć, w skrócie, ponad, nuklearne sfery.

Osądzanie innych

Czy chciałbyś zrobić trochę więcej odkreowań swoich osądów dotyczących biznesu i twojego życia? Oto wspaniałe pytanie, którego możesz używać, gdy zauważasz, że osądzasz innych ludzi. To niesamowite, ponieważ na przestrzeni czasu, byliśmy już wszystkim i robiliśmy wszystko. Co więcej, żeby coś osądzić, musieliśmy sami kiedyś tym być lub to robić. Przykładowo, gdy ktoś, z kim pracujesz mówi lub robi coś, a ty zauważasz, że zaczynasz go osądzać, zapytaj:

Gdzie ja już tym byłem i to robiłem? Wszystko, co się pod tym kryje, niszczę i odkreuję, razy sam Bóg wie, ile razy. Zgoda niezgoda, dobrze źle, POD i POC, wszystkie dziewięć, w skrócie, ponad, nuklearne sfery.

Twoje osądy nie pozwalają ci otrzymać wszystkiego, co jest możliwe.

Rozdział 4

KAŻDE PYTANIE KREUJE MOŻLIWOŚĆ

Mam w Australii przyjaciół, którzy napisali wiele niezwykłych książek, takich jak np.: *Conscious Leadership* [Świadome przywództwo] czy *Prosperity Consciousness* [Świadomość dobrobytu]. Autorami są Chutisa i Steve Bowmanowie, którzy pracują z dyrektorami oraz zarządami firm i przedsiębiorstw, podróżując po całym świecie. Uważają oni, że jeśli możliwe jest kreowanie świadomości na samym szczycie, przepłynie ona przez całą firmę. Zaobserwowali też, że charakterystyczną cechą dyrektorów, którzy odnoszą sukcesy, jest praktyka zadawania pytań. Zamiast bronić swoich racji i upierać się, że znają wszystkie odpowiedzi, oni wciąż zadają pytania. Pytanie jest zaproszeniem dla nowych możliwości, nowych informacji i punktów widzenia. Pytanie pozwala, by mogło ukazać się coś innego, podczas gdy odpowiedź prowadzi w ślepy zaułek. Odpowiedź daje komunikat: „To tyle. Nie dziękuję. Nic więcej".

Kiedy pytanie pochodzi z wierzchołka biznesu, powstaje przepływ i poczucie pojawiających się możliwości dla każdego, bo każdy przecież może wnieść do firmy coś nowego. Jak by to było, gdybyś dostrzegał w swojej firmie lub biznesie, że każdy, kto jest z nim związany oferuje zupełnie odmienną perspektywę, opierającą się na swojej własnej świadomości? Jak by to było, gdybyś był gotów otrzymać, uznać i być wdzięczny za świadomość każdej jednej osoby w twoim biznesie i za jej indywidualny wkład? Może zechciałbyś także otrzymać, uznać i być wdzięczny za każdą osobę w twoim życiu i za wszystko to, co do niego wniosła? Z pewnością mogłoby to dla ciebie zmienić kilka rzeczy.

Posiadanie odpowiedzi

W ostatnich latach, rozmawiałam z wieloma ludźmi o ich biznesach i projektach, w które się zaangażowali. Wielu z nich miało taki punkt widzenia, że w biznesie, zanim cokolwiek może się wydarzyć, wszystko musi być zapięte na ostatni guzik, a odpuszczanie sobie szczegółów jest niedozwolone.

Taką właśnie otrzymaliśmy edukację. Od najmłodszych lat uczono nas, że musimy znać wszystkie odpowiedzi. Gdy tylko rozpoczynamy szkolną edukację, uczymy się udzielać „prawidłowych" odpowiedzi, bo dzięki nim otrzymujemy oceny, które pozwalają piąć się coraz wyżej. Ale w biznesie nie chodzi o posiadanie odpowiedzi, docieranie do „właściwych" konkluzji, przewidywanie, co się może wydarzyć, czy też próbowanie wymuszania określonych zdarzeń. Twój biznes i twoje życie przebudzą się, gdy zaczniesz zadawać pytania, ufać temu, co ty wiesz i rozwijać swoją świadomość tego, co jeszcze jest możliwe.

Nie myśl – zadawaj pytania

Zamiast uciekać się do odpowiedzi, konkluzji i decyzji, zacznij praktykować zadawanie pytań. Gdy zadajesz pytanie, natychmiast pojawia się energetyczna odpowiedź. Na przykład, gdy zadasz pytanie: „Prawda, czy to przyniesie mi pieniądze?", ukaże się energia i będziesz wiedział, czy odpowiedzią jest *tak* czy *nie*. Energia pojawia się przed słowami, a twoje wiedzenie jest natychmiastowe. Bardzo często, ludzie nie chcą uznać tego, co już wiedzą, i wolą myśleć, zamiast zadać pytanie: „Prawda, co pokazuje mi tutaj energia?". Wątpią w swoje wiedzenie. Wtedy wszystko się komplikuje. Zamiast myśleć, zadaj pytanie. Bądź gotowy podążać za swoją świadomością. Idź za tym, co ty wiesz i na tym kreuj swoje wybory. Pamiętaj – wybór kreuje świadomość.

Jeśli na przykład chcesz kogoś zatrudnić, możesz zapytać: „Prawda, czy ta osoba przyniesie mi pieniądze?" i od razu poczujesz energetyczną odpowiedź. Energia będzie odczuwalna jako cięższa lub lżejsza. **Gdy poczujesz ciężar, zazwyczaj będzie to kłamstwo. Jeśli poczujesz lekkość, zazwyczaj oznacza to prawdę.** Możesz używać tego narzędzia dokonując wyborów związanych z twoim biznesem. Jeśli podążasz za energią, będziesz wiedział, co robić. Jeśli nie zadajesz pytań i nie chcesz być świadomy, możesz znów wrócić do swojej głowy i zacząć myśleć. Możesz próbować wykreować jakiś rezultat, zanim jeszcze cokolwiek się zdarzy. To trochę tak, jakby próbować wymyślać, w jaki sposób coś ma działać, nie dając nawet szansy, by ukazały się dostępne możliwości. Zaufaj mi – podążania za energią i zadawanie pytań jest znacznie prostsze, niż używanie głowy i uciekanie się do myślenia.

Ty, jako nieograniczone istnienie, wiesz wszystko. Nie ma ani jednej rzeczy, której byś nie wiedział. Przestań wreszcie funkcjonować w swoim biznesie tak, jakby jedyną cześcią ciebie była głowa. Zamiast tego, używaj pytań, podążaj za energią i funkcjonuj używając świadomości i swojego wiedzenia. To przyniesie ci dużo więcej zabawy i może nawet sprawi, że poczujesz radośc biznesu!

Wszystko co jest lekkością – jest twoją prawdą.
Wszystko, co jest dla ciebie ciężarem – jest kłamstwem.

Narzędzia lekko/ciężko używałam, gdy zaczynałam prowadzić biznes w Stanach Zjednoczonych. Na początku o biznesie nie wiedziałam nic. Zaczęłam więc rozmawiać z prawnikami i księgowymi, zbierając potrzebne mi informacje. Byłam wtedy przekonana, że prawnicy i księgowi wiedzą wszystko, aż do momentu, gdy zdałam sobie sprawę, że informacje, jakich mi udzielali, nie tylko nie były tymi, których potrzebowałam – często były ze sobą po prostu sprzeczne. W końcu „pojęłam", co to znaczy, gdy coś jest dla mnie ciężarem lub lekkością. Mówiłam sobie: „OK, rozmawiałam z tymi wszystkimi prawnikami oraz księgowymi i czuję w tym lekkość. Jeśli wdrożę do swojego biznesu to, co usłyszałam, co wtedy wykreuję? Czy to wykreuje zmianę, której pragnę?". Dokonywanie wyborów w taki sposób bardzo różni się od myślenia linearnego i poszukiwania odpowiedzi. Jest poza tym dużo prostsze i jest w tym dużo więcej zabawy. To jest właśnie radość biznesu! Nie musisz sam wszystkiego wiedzieć. Musisz jedynie być otwartym na zadawanie pytań.

Twój umysł wie tylko o tym, co już się wydarzyło

Twój umysł wie tylko to, co już się zdarzyło, więc ogranicza twoją percepcję tego, co jest możliwe. Jeśli poprosisz, by ukazały ci się rzeczy wykraczające ponad wszystko to, co jesteś sobie w stanie wyobrazić, kto wie, jakie zaprezentują się przed tobą możliwości? Czasami, gdy zadajesz pytanie, rzeczy fizycznie pojawiają się w twoim świecie. Pytasz: „Czego jeszcze wymaga mój biznes, by rozwinąć się jeszcze bardziej?" i bum! Nagle ktoś lub coś pojawia się niespodziewanie. Może zjawi się chętny, by zainwestować w twój biznes dwa miliony dolarów. Może spotkasz sławnego producenta, który będzie chciał pomóc rozkwitnąć twojej karierze piosenkarza. Może pojawi się coś, co w żaden sposób nie będzie przypominało twojego biznesu. (Pamiętaj – bądź gotowy to otrzymać.)

Pytanie może zmienić wszystko.

Używaj pytań w każdym aspekcie twojego życia – w biznesie, w związkach, z pieniędzmi. Zadawaj pytania z przestrzeni nieograniczonych możliwosci i gotowości otrzymania wszystkiego i czegokolwiek. Nie możesz decydować, jaka ma się pojawić odpowiedź. Jak by to było, gdybyś był świadomy nieograniczonego wyboru i otwarty na nieograniczone możliwości?

Skupianie się na efektach

Kiedy skupiasz się na efektach, oznacza to, że jest jakaś odpowiedź lub jakiś rezultat, którego oczekujesz. Koncentrujesz się na nim, odcinając świadomość wszystkiego innego. Przypominasz wtedy wyścigowego konia z klapkami na oczach. Nie możesz postrzegać i otrzymywać informacji oraz podarunków, które oferuje ci wszechświat. Nie widzisz niczego, co nie współgra z rezultatem, którego pragniesz. Nawet najwspanialsze możliwości pojawiające się wokół ciebie, będą wtedy poza zasięgiem twojej percepcji. To właśnie przytrafiło się mojemu przyjacielowi, który stworzył kilka świetnych biznesów. Używał pytań i pojawiała się magia, pozwalająca kreować i generować więcej niż myślał, że jest możliwe. Zupełnie niedawno, rozpoczął swój kolejny biznes i niestety – nie osiągnął spodziewanych rezultatów. Tak *bardzo* zapragnął znów osiągnąć sukces. Dlaczego tak się stało? Koncentrując się na rezultacie, nie był w stanie dostrzec tego, co było możliwe.

Pytania otwierają drzwi do możliwości

Niedawno dokonaliśmy bardzo interesującego osądu na temat naszej butelkowanej wody Good Vibes. Zapragnęliśmy zamienić nasze plastikowe butelki na te w pełni biodegradalne i byliśmy święcie przekonani, że sprzedawcy przyjmą tę zmianę z entuzjazmem. Nowe butelki są droższe od zwyczajnych plastikowych, lecz zdecydowaliśmy, że ludzie, w trosce o naszą planetę, będą gotowi zapłacić odrobinę wyższą cenę za wodę w butelkach wykonancych z materiałów podlegających pełnej biodegradacji. (Zauważ, że nie zadaliśmy tutaj pytania, idąc prosto do odpowiedzi i osądu.) Założyliśmy, że ludzie będą z tego powodu skakać z radości – wyruszy pochód, rozbłysną fajerwerki. Hip hip hurrra!

Niestety, wydarzyło się coś zupełnie odwrotnego. Hurtownikom najbardziej zależało na cenie. Dotarło wtedy do nas, że weszliśmy w konkluzję. Dopiero wtedy otworzyliśmy się na to, by otrzymać punkt widzenia dystrybutorów i zaczęliśmy zadawać więcej pytań, jednocześnie nie rezygnując z tego, co wiedzieliśmy, że jest możliwe. (Nigdy nie zakładaj, że poniosłeś porażkę.) Wydostaliśmy się z objęć osądu na temat tego, jak może zostać przyjęty przez ludzi nasz produkt. Pytania, które zadawaliśmy brzmiały: „Co musimy tutaj zmienić?", „Co mamy tutaj dodać?", „Z kim mamy tutaj porozmawiać?", „Jakiej informacji tutaj potrzebujemy?". Pytania te otworzyły nam drzwi do kompletnie nowych możliwości. Od tamtej pory, nawiązaliśmy kontakty z biznesami, które są wdzięczne za to, że woda w pełni biodegradalnych butelkach stała się dostępnym produktem.

Stwierdzenie ze znakiem zapytania

Czasami ludzie podejmują decyzje na temat tego, co musi zdarzyć się w ich biznesie – po czym próbują ubrać tę decyzję w znak zapytania, by wyglądała jak pytanie. To do niczego nie prowadzi. Używając stwierdzeń ze znakiem zapytania sprawi, że pozostaniesz w tym samym miejscu, w którym byłeś od zawsze. Dzieje się tak, ponieważ wchodząc w konkluzję, zatrzymujesz energię – a we wszechświecie wszystko jest energią. W porównaniu do tego, gdy tylko zadasz nieograniczone pytanie, będzie ono dla ciebie inspiracją i zaproszeniem dla nowych możliwości.

Niedawno rozmawiałam z kobietą, która miała już dość powolnego tempa sprzedaży w swoim biznesie. Zapytałam ją:

– Jakie więc mogłabyś zadać tutaj pytanie?

– Co jeszcze musi się wydarzyć, by ludzie przychodzili tutaj i wydawali swoje pieniądze? – odpowiedziała pytaniem.

Tak naprawdę było to stwierdzenie ze znakiem zapytania na końcu. Ona już zdecydowała, że odpowiedzią było zdobycie ludzi, którzy będą się pojawiać ze swoimi pieniędzmi, po czym próbowała zamienić tę decyzję na pytanie.

Zasugerowałam, że znacznie bardziej poszerzającym pytaniem byłoby: „Kogo, lub co mogłabym dodać do mojego biznesu, co wygenerowałoby pieniądze dzisiaj i w przyszłości?". To byłoby otwarcie na możliwości dostępne nie tylko dzisiaj, ale również w przyszłości. Kto wie, co wtedy mogłoby się ukazać? Może ktoś zaproponowałby kupienie jej biznesu za pieniądze dwukrotnie przekraczające jego rzeczywistą wartość? Może ktoś zaoferowałby jej przekształcenie biznesu we franszyzę i wyruszenie z nim w świat!

Możliwości są nieograniczone.
Wszystko jest możliwe.

Co powinienem robić dalej?

Jeśli w twoim biznesie pojawia się moment, kiedy zastanawiasz się, co robić dalej – zadaj temu pytanie! Pytania to podstawa. Jeśli postrzegasz jakikolwiek zastój, zadaj takie pytania:

- *Jakiej brakuje mi tutaj informacji?*
- *Z kim muszę porozmawiać?*
- *Gdzie powinniśmy się teraz znaleźć?*
- *Czy ten biznes pragnie zmiany?*
- *Co moglibyśmy dzisiaj ustanowić, żeby kreować więcej teraz i na przyszłość?*
- *Co magicznego mogłoby się ukazać dzisiaj dla mnie i dla mojego biznesu?*
- *Jak może być jeszcze lepiej?*
- *Czego nie chcemy tutaj zrobić, kim nie chcemy się stać, czego nie chcemy kreować i generować wspólnie z biznesem i jako biznes, co – jeśli byśmy to zrobili – zaprosiłoby więcej możliwości, niż kiedykolwiek byliśmy sobie w stanie wyobrazić? (Po tym pytaniu użyj oświadczenia oczyszczającego.)*

Jeśli jesteś gotowy usłyszeć, otrzymasz informacje, których potrzebujesz.

Doskonałą okazją do zadawania tych pytań są wszystkie te momenty, gdy zauważasz, że odkładasz sprawy na później. A jeśli jedyne, czego wtedy potrzebujesz to więcej informacji? Za każdym razem, kiedy czujesz, że ty i twój biznes utknęliście, znaczy to, że potrzeba wam więcej informacji. Zadawaj więcej pytań.

Wszechświat pragnie być twoim przyjacielem. Chce cię wspierać. Uwielbia, gdy zadajesz pytania. Mówi wtedy: „O tak! Wreszcie zadajesz pytania i jesteś gotowy na otrzymywanie".

Jest taki stary film, w którym jeden z bohaterów opisuje wszechświat jako bankiet, na którym ludzie umierają z głodu. Jedyne, co musisz zrobić, to zadawać pytania i być gotowym, by otrzymać więcej.

Pytanie dodaje mocy. Odpowiedź obezwładnia.

Używaj pytań i zauważaj wszystko, co kreujesz i generujesz

Za każdym razem, gdy twój biznes ma się świetnie, gdy czujesz, że coś się udaje, dostrzegaj to. Jak to robić? Są dwa sposoby.

Przede wszystkim – bądź wdzięczny! Bądź wdzięczny za wszystko, co się pojawia, bądź wdzięczny za każdy grosz, który zarabiacie ty i twój biznes, bądź wdzięczny za każdy sukces.

Po drugie – zadawaj pytania. Zamiast używać konkluzji, takich jak: „Super! To się udało", pytaj:

- *Jak może być jeszcze lepiej?*
- *Co jeszcze jest możliwe?*

Pytania takie jak te, są zaproszeniem dla jeszcze większych sukcesów. Stwierdzenia takie jak: „To było wspaniałe!" to ślepa uliczka. Z pewnością nie są zaproszeniem dla nowych możliwości. Poczuj energetyczną różnicę między takim zdaniem: „Wow, to był najlepszy

Radość biznesu

seks, jakiego kiedykolwiek doświadczyłem", a tym: "Wow, jak może być jeszcze lepiej?". Które pytanie zaprasza więcej możliwości (i więcej wspaniałego seksu)? Które zdaje się zatrzymywać ruch energii? Innymi słowy, jak zdobywać więcej tego, co lubisz? Zadawaj pytania!

Nie chodzi też o to, żeby zadawać pytania tylko, gdy sprawy nie układają się tak, jakbyś tego chciał. Zadawaj pytania bez względu na to, co się dzieje. Po co miałbyś to robić? Prosisz wtedy wszechświat, by obdarował cię czymś jeszcze wspanialszym!

Jedna z moich przyjaciółek udała się do Paryża w celach biznesowych i zdecydowała, że ostatnią noc w tym mieście chce spędzić w pięknym pięciogwiazdkowym hotelu. (Słowem kluczowym jest tutaj *zdecydowała*. Podjęła dezycję na temat tego, co miało się zdarzyć i to zatrzymało przepływ energii.) W hotelu poinformowano ją, że nie ma wolnych pokoi.

Mogła poczuć się wtedy rozczarowana, ale w tamtym momencie postanowiła jednak zadać pytanie i wszystko ruszyło. Stała przy hotelowej recepcji, pytając: "Jak może być jeszcze lepiej?".

Mężczyzna po drugiej stronie lady powiedział:

– Przykro mi.

– No cóż, jak może być jeszcze lepiej? – odparła.

– Chwileczkę – dodał po chwili recepcjonista. – Zapytam jeszcze menadżera.

Menadżer pojawił się zaraz potem i spytawszy, czego życzy sobie moja przyjaciółka, usłyszał historię o ostatniej nocy w Paryżu, którą chciała spędzić w pięknym pokoju hotelowym.

– Przykro mi – odpowiedział – ale hotel jest pełny.

Spytała więc po raz kolejny:

– Jak może być jeszcze lepiej?

Mężczyzna spojrzał na nią, a potem jeszcze raz na komputer i odparł:

– Hmm... jedyny pokój, który jest dzisiaj wolny to luksusowy apartament na najwyższym piętrze – powiedział, po czym zamilkł na krótką chwilę. – Możemy go Pani zaproponować w cenie standardowego pokoju, ale tylko na jedną noc.

– Jak może być jeszcze lepiej? – powiedziała z szerokim uśmiechem na twarzy.

Otrzymała pokój, do którego przysłano od razu butelkę szampana! (*Jak* może być jeszcze lepiej?)

Tego pytania możesz używać w każdej sytuacji. W Nowej Zelandii, pewien biznesmen zajmujący się sprzedażą pralek automatycznych, po zapoznaniu się z tym narzędziem, przekazał je swoim pracownikom. Zasugerował im, by pytali: „Jak może być jeszcze lepiej?" za każdym razem, gdy coś sprzedadzą, ale także wtedy, gdy nie uda im się sprzedać nic. Sprzedawcy robili dokładnie tak, jak im powiedział i w ciągu sześciu miesięcy, biznes podwoił swoją sprzedaż. Jeśli kreujesz środowisko, gdzie ludzie funkcjonują poprzez pytanie i są gotowi na otrzymywanie wszystkiego i czegokolwiek, rzeczy dzieją się szybko i wszyscy są zadowoleni. To jest radość biznesu.

Nie ma znaczenia, czy sprzedajesz usługę, czy produkt. Zadawaj pytanie za każdym razem, gdy dojdzie do sprzedaży (lub gdy do niej nie dojdzie) i obserwuj, co się dzieje. Zadawanie pytań sprawia, że dużo więcej się ukazuje. Możesz wypróbować jeszcze więcej pytań:

- *Jaką magię mogę wykreować dziś w moim biznesie?*
- *Co jeszcze musi się zdarzyć, żeby pieniądze, o jakich mi się nie śniło, ukazały się dzisiaj i w przyszłości?*

Jeśli jesteś gotowy, by to się stało, różne niespodziewane rzeczy mogą ukazać się w pozornie przypadkowych miejscach.

Musisz dostrzegać każdą pojawiającą się możliwość, która pasuje do priorytetów, jakie kreujesz dla swojego biznesu, projektu, produktu lub czekogolwiek innego. Nie czekaj z założonymi rękoma, aż pojawi się ktoś, kto powie ci, jaki jesteś niezwykły i jaką odwaliłeś wspaniałą robotę. Uznaj sam przed sobą, co kreujesz i generujesz. Przykładowo, kiedy przeprowadzasz sesje z procesami Access Consciousness®, niezwykłym darem jest to, że ktoś się zmienia i zaczyna dostrzegać inne możliwości. Podziękuj sobie, że masz w tym swój udział. Za każdym razem, gdy odnosisz „sukces", pytaj: „Jak może być jeszcze lepiej?" lub „Co jeszcze jest możliwe?". Jeżli potrafisz robić to dla siebie, wszystko będzie się rozwijać dla ciebie i dla wszystkich wokół ciebie. To takie proste.

To wszechświat obfitości. On chce cię obdarowywać.
Kiedy zadajesz pytanie, podłączasz się
do obfitości wszechświata.

Rozdział 5

RZECZYWISTOŚĆ I DOSTRAJANIE SIĘ

Czy wierzysz w niemożliwe?

W książce Lewis Carrol, pt.: *Through the Looking Glass* [Po drugiej stronie lustra], Alicja mówi do Białej Królowej: „Nie można wierzyć w niemożliwe". Biała Królowa odpowiada: „Dlaczego, ja czasami już przed śniadaniem potrafię uwierzyć aż w sześć niemożliwych rzeczy".

Uwielbiam tę odpowiedź. Wyraża ona radość, możliwości i zabawę, którą może stać się twój biznes i twoje życie. Niestety większość z nas została wytrenowana, żeby myśleć tak, jak wszyscy inni. Jesteśmy nauczeni, by żyć w rzeczywistości, na którą składają się pomysły i ograniczające punkty widzenia innych ludzi, określające co w ogóle jest możliwe. Mówiono nam, że mamy „być realistami". Jesteśmy wytresowani, żeby nie wierzyć w „niemożliwe".

Dostrajanie się

Gdybyś w jednym pomieszczeniu umieścił mnóstwo zegarów, tykających każdy w swoim własnym rytmie, po jakimś czasie nastąpiłaby synchronizacja i wszystkie zaczęłyby tykać tak samo. Nazywamy to dostrajaniem. My również to robimy. Dostrajamy się do rzeczywistości innych ludzi w naszych kulturach, zawodach – dosłownie wszędzie. Mamy tendencję, żeby wierzyć w to, w co wierzą inni i robić wszystko tak, jak inni. Większość ludzi funkcjonuje poprzez dostrajanie się, kierując się wygodą, gdyż daje im to poczucie połączenia oraz wrażenie, że ich biznes jest rzeczywisty. Dlatego to robią.

Czy już od momentu, gdy obudziłeś się rano, odruchowo wiesz, co będziesz jadł, w co się ubierzesz, w jakich godzinach masz prowadzić swój biznes, ile pieniędzy możesz zarobić, a ile nie? Czyżbyś kreował swoje finanse tak, by pasowały do tego, co robią wszyscy inni, co pozwoli ci być dokładnie takim, jaki oni? Jeśli tak, najprawdopodobniej funkcjonujesz w czymś, co nazywamy kontekstową rzeczywistością.

Kontekstowa rzeczywistość

Kontekstowa rzeczywistość jest rzeczywistością, do której zostaliśmy dostrojeni. Opiera się ona na czasie, wymiarach, rzeczywistości i materii. Są to cztery składniki, które w kontekstowej rzeczywistości uznaliśmy za prawdziwe. Ale czy prawdą jest, że czas istnieje, czy jest on tylko kreacją? Jest czymś, co wykreowaliśmy. To samo dotyczy wymiarów, rzeczywistości i materii. Wszystko to jest kreacją opartą na sposobie postrzegania, w jakim zostaliśmy wyszkoleni. Nie ma ona nic wspólnego z magią tego, co mogłoby się ukazać i co naprawdę jest możliwe.

Gdy funkcjonujesz w kontekstowej rzeczywistości, szukasz miejsc, w których mógłbyś do czegoś się dopasować, na czymś skorzystać, gdzie wygrywasz lub przegrywasz. Kontekstowa rzeczywistość mówi ci, gdzie jest miejsce dla twojego biznesu albo gdzie jest twoja nisza i nie wolno ci podążyć w żadnym innym kierunku. Ona uczy cię kalkulowania korzyści płynących z twojego biznesu i tego, jak kalibrować jego sukces bazując na zawartości twojego konta bankowego.

Bezkontekstowa rzeczywistość

Jak by to było, gdybyś wyskoczył z tych torów, zmienił wszechświaty i zaczął funkcjonować w rzeczywistości totalnie odmiennej niż ta, do której zostałeś dostrojony? Potrafisz to zrobić. Możesz działać w rzeczywistości bezkontekstowej i zamiast zastanawiać się, co jest możliwe w oparciu o czas, wymiary, rzeczywistość i materię – zacząć postrzegać energię, przestrzeń i świadomość. Czy coś by się zmieniło, gdybyś wiedział, że wszystko ma swoją świadomość, włączając w to krzesło, na którym siedzisz? Wszystko ma swoją świadomość. Wszystko posiada energię. I jest jeszcze przestrzeń. Ach... przestrzeń. Tak naprawdę to ona wypełniona jest możliwościami i pytaniem.

Funkcjonowanie w bezkontenkstowej rzeczywistości pozwala korzystać z generatywnych zdolności, wykraczających poza czas, wymiary, materię i rzeczywistość.

Jest poza wszystkim tym, co jesteśmy sobie w stanie wyobrazić. Wykracza poza logiczny umysł, poza wszelkie punkty odniesienia, ponad wszystko, co do tej pory zostało dokonane przez kogokolwiek. Sięga ponad wszystko, co ty i ja uznaliśmy za możliwe. Nie ma ani formy, ani struktury, nie ma znaczenia, ani historii. Kiedy operujesz w bezkontekstowej rzeczywistości, zadajesz pytanie i podążasz za energią. Funkcjonujesz poprzez swoje wiedzenie.

Uczucia często opierają się na rzeczywistości kontekstowej

Zamiast funkcjonować poprzez swoją świadomość, niektórzy ludzie polegają na intensywnych emocjach, które pozwalają im „odczuwać" właściwe biznesowe odpowiedzi i podejmować na ich podstawie decyzje dotyczące na przykład dokonywania inwestycji lub kupowania nieruchomości. Poczucie podekscytowania lub inne silne uczucia mówią im, które działania będą najwłaściwsze. W zasadzie, żeby podjąć decyzję, kreują oni osąd. Wszystkie te uczucia są często oparte na kontekstowej rzeczywistości. Innymi słowy, korzeniami sięgają do idei zwycięstwa, przegranej, dopasowywania się i osiągania korzyści. Chciałabym zasugerować tutaj zupełnie inną możliwość, a mianowicie funkcjonowanie poprzez postrzeganie energii, przestrzeni i świadomości. To operowanie z przestrzeni tego, co wiesz, zamiast polegania na umyśle i uczuciach.

Zapraszam cię do tego, być porzucił miejsce komfortowego dostrajania się i zamienił je na przestrzeń, w której to twoja świadomość mówi ci, co jest możliwe. Co by się stało, gdybyś zechciał totalnie zaufać sobie i funkcjonować poprzez własną świadomość i swoje własne wiedzenie? Wyobraź sobie, jak wyglądałby twój biznes, gdybyś po prostu zaufał sobie. Byłoby w nim więcej czy mniej pieniędzy? Więcej radości czy mniej? Więcej czy mniej zabawy?

Świadomość, nawiasem mówiąc, nie jest komfortowa.
Może być to powodem, dla którego tak wielu ludzi jej unika.

Jak by to było, gdybyś kreował swój biznes w sposób, w jaki wiesz, że możesz to robić?

Gdyby źródłem dla modelu twojego biznesu nie było dostrajanie się, stałby się on kreacją odzwierciedlającą ciebie. Nie miałbyś wtedy konkurencji, bez względu na to, czy prowadzisz sklep z ubraniami, firmę sprzedającą butelkowaną wodę, czy biznes związany z nieruchomościami. Gdybyś zaufał sobie, biznes, który wykreowałeś byłby jedyny w swoim rodzaju. Nie patrzyłbyś wtedy na żaden inny biznes, żeby wiedzieć, jak prowadzić swój.

Jak by to było, gdyby czas, wymiary, rzeczywistość i materia stały się elementami, których mógłbyś używać i nimi manipulować, zamiast traktować je jako tak zwane podwaliny tej rzeczywistości? Używaj ich, gdy pracujesz z ludźmi, którzy funkcjonują w kontekstowej rzeczywistości – ale nie daj im się ograniczać. Zmieniaj wszechświaty! Działaj w zupełnie innej rzeczywistości. Wiem, że wiesz, o czym mówię!

Sześć niemożliwych rzeczy

Na początku tego rozdziału zacytowałam wypowiedź Białej Królowej, która mówiła: „(...) ja czasem już przed śniadaniem potrafię uwierzyć aż w sześć niemożliwych rzeczy". Na potrzeby poniższego ćwiczenia, pobawiłam się tym stwierdzeniem i zmieniłam *uwierzyć* w sześć niemożliwych rzeczy na *wykreować* sześć niemożliwych rzeczy.

Czy zdarza ci się kreować niemożliwe? Dlaczego nie? Zapraszam cię, byś wykroczył poza wszystko to, do czego się dostroiłeś – to czym jesteś, co masz, robisz, w co wierzysz – i zamiast tego zadał sobie pytanie: Jakie sześć rzeczy uznałem dziś w moim biznesie za niemożliwe do wykreowania?

Zapisz swoje odpowiedzi.
1 ....
2 ....
3 ....
4 ....
5 ....
6 ....

Spójrz teraz na każdą z nich i spytaj:

- **Czy naprawdę jest to niemożliwe?**
- **Co musiałbym zmienić, wybrać i ustanowić, żeby mogło się to ukazać?**
- **Co musiałbym dodać do swojego biznesu, do mojego życia i do mojej rzeczywistości, żeby to się pojawiło?**

Wypisz teraz kolejne sześć niemożliwych rzeczy.
1 ....
2 ....
3 ....
4 ....
5 ....
6 ....

Co zdecydowałeś, że jest niemożliwe w związku z twoim biznesem, z twoimi pieniędzmi, twoim życiem, rzeczywistością, finansami, przepływami pieniężnymi? Wszystko, co się pod tym kryje, prawda, czy teraz to zniszczysz i odkreujesz, razy sam Bóg wie, ile razy? Zgoda niezgoda, dobrze źle, POD i POC, wszystkie dziewięć, w skrócie, ponad, nuklearne sfery.

*Jaka magia mogłaby pojawić się dla
ciebie i twojego biznesu dzisiaj?
Czy twój biznes byłby łatwiejszy, gdybyś
pozwolił mu, by stał się magiczny?*

Królestwo Nas

W rzeczywistości kontekstowej, robienie biznesu wiąże się najczęściej z konkurencją i dążeniam do wygranej. Konkurencja traktowana jest jako kluczowy komponent konwencjonalnego biznesu. Firmy rywalizują między sobą o te same grupy klientów, co sprzyja intensywnej wewnętrznej konkurencji pomiędzy współpracownikami i poszczególnymi oddziałami. Ludzie myślą, że osiągnięcie sukcesu w biznesie polega na wyrwaniu serca konkurencji, co sprawia, że są oni gotowi zrobić dosłownie wszystko, żeby „wygrać". Wierzą, że to jest właśnie sposób na sukces.

Zupełnie innym podejściem, które chciałabym tutaj zaproponować, jest Królestwo Nas. Królestwo Nas, to my wszyscy na tej samej planecie. Wspólnie jedziemy na tym samym wózku, zmierzając do tego samego celu. Nie chodzi tylko o ciebie, jako indywidualną jednostkę. Prawdziwa moc Królestwa Nas to zdolność wybierania tego, co pracuje dla ciebie *oraz* dla wszystkich innych. Tu chodzi o nas – o istnienia, którymi jesteśmy, oraz o to, co pragniemy kreować.

To znacznie szerszy obraz. Nie jesteśmy tylko zespołem, który musi grać według ustalonych wcześniej jednakowych zasad, lub według tego, co ktoś uznał za naszą powinność. Chodzi o to, że wspólnie potrafimy budować coś znacznie wspanialszego.

Jak by to było, gdybyś twój biznes funkcjonował poprzez wsparcie? Gdyby każdy biznes na tej planecie był wsparciem dla innych biznesów? Jak by to było, gdybyś zapytał, jakim wkładem ty możesz być dla innych w twoim biznesie i jakim wsparciem biznes może być dla ciebie? A gdybyś zechciał stać się wsparciem dla biznesów innych ludzi? Nie oznacza to, że masz oddać komuś swój sklep, swoje pomysły i projekty. Rzecz w tym, że jeśli masz gotowość, by stać się wsparciem dla wszystkiego i dla wszystkich, wszystko będzie wspierało ciebie na drodze do ekspansji. Kiedy przyczyniasz się do rozwoju wszyskich biznesów, włączając w to biznesy należące do innych ludzi, otrzymujesz wsparcie wszechświata. Gdy wsparcie i wielkoduszność stają się platformą do działania w twoim biznesie, konkurencja musi zejść z parkietu. Wtedy zaczyna się praca poza kontekstową rzeczywistością.

Zatrudnij Wszechświat

Podczas jednej z moich klas Joy of Business, ktoś powiedział do mnie:

— Zawsze bardzo ciężko pracowałem i próbowałem wielu różnych zawodów. Byłem barmanem i robotnikiem. Niedawno zdecydowałem się usamodzielnić i rozpocząłem własny biznes. Jednak bez względu na to, czym się zajmuję, mam wrażenie, że nie posuwam się do przodu. Już tak się do tego przyzwyczaiłem, że wciąż szukam kogoś, kto powie mi, co z tym zrobić.

— A gdybyś zatrudnił wszechświat – spytałam – i poprosił go, żeby był dla ciebie wsparciem? Spróbuj zadać pytanie: **Jaką energią, przestrzenią i świadomością możemy się stać ja i mój biznes, co pozwoli nam zatrudnić wszechświat na całą wieczność?**

Wszechświat jest tu po to, by cię wspierać.
Jeśli poprosisz ... on zadba o to, byś otrzymał.

Oto kilka pytań, które pomogą ci rozwijać swoją zdolność i gotowość do otrzymywania wsparcia i do bycia wsparciem dla wszystkiego we wszechświecie:

- *Jakim mogę być wsparciem dla moich partnerów biznesowych i pracowników?*
- *Jakie mogę otrzymać wsparcie z ich strony?*
- *Co mogę wnieść do mojego biznesu?*
- *Jakie wspracie może biznes otrzymać ode mnie?*
- *Jakim wkładem może być biznes dla mnie?*
- *Jakie wsparcie mogę otrzymać od biznesu?*
- *Jakim wkładem do mojego biznesu może być moje ciało?*
- *Jakie wsparcie może otrzymać moje ciało od mojego biznesu?*
- *Kto i co może być wkładem do mojego biznesu?*
- *Jakie wsparcie może otrzymać mój biznes od innych?*

Zapraszam do zadawania tych pytań każdego dnia i zauważania przychodzącej do ciebie świadomości. Zadawanie pytań nie musi prowadzić do produkowania odpowiedzi. To raczej gotowość poruszenia energii i pozwolenie na to, by ukazało się więcej możliwości.

Jesteś wsparciem dla wszystkiego, włącznie z pieniędzmi

Czasami zachęcam ludzi, żeby zapytali:

- *Jakim wkładem mogą być dla ciebie pieniądze?*
- *Jakim wkładem ty możesz być dla pieniędzy?*

Odpowiadają wtedy pytaniem: „Co? Czy to możliwe, że ja mogę być wkładem dla pieniędzy?". Mówię wtedy: „Jesteś wkładem dla twojego domu, twoich mebli, twojego samochodu, gdyż opiekujesz się nimi, czyż nie? W taki sam sposób jesteś wsparciem dla pieniędzy. Troszczysz się o nie. Opiekujesz się nimi, więc mogą rosnąć. Jesteś za to wdzięczny. Czujesz z tego powodu podekscytowanie i radość. Aż chce ci się krzyknąć: 'Uuu-huu! Pieniądze!' Dbasz o nie także, gdy je oszczędzasz i dobrze inwestujesz, co wspiera ich wzrost i ekspansję".

Lekkość, Radość i Gloria

Jednym z najwspanialszych narzędzi, jakie otrzymałam od Access Consciousness® jest mantra Access, która brzmi: **Wszystko w życiu przychodzi do mnie z lekkością, radością i glorią**®. Mówi ona o życiu, w którym wszystko przychodzi z lekkością, radością i glorią, a nie tylko to, co osądziliśmy jako dobre. Chodzi również o to, co uznaliśmy za złe. Zdarzają ci się takie dni, kiedy budzisz się rano i życie niekoniecznie wydaje się być wspaniałe? Albo takie, gdy idziesz do pracy i dopada cię frustracja, bo sprawy nie układają się tak, jakbyś tego chciał? Lub masz na głowie tyle rzeczy do załatwienia, że sam nie masz pojęcia, jak się za to wszystko zabrać?

Bez względu na to, jakiego rodzaju jest to dzień i nie ważne, co się dzieje, użyj mantry: „Wszystko w życiu przychodzi do mnie z lekkością, radością i glorią". Powtarzają ją jeszcze raz i jeszcze raz. Wszystko zacznie się dla ciebie zmieniać. Prosisz właśnie wszechświat o to, by wszystko, co pojawia się w twoim życiu, otrzymywać z lekkością, radością i glorią.

Wszystko w życiu przychodzi do mnie
z lekkością, radością i glorią®

Rozdział 6

HUMAN I HUMANOID

Ponad osądem samego siebie

P rzed moim spotkaniem z Garym Douglasem i zanim jeszcze zaczęłam prowadzić klasy Access Consciousness®, często czułam się tak, jakbym była jakąś dziwną istotą, która nie pasuje do niczego na tej planecie. Wkrótce potem, podczas jednej z klas, Gary opowiadał o human i humanoid – dwóch gatunkach istnień, które zamieszkują Ziemię. Pamiętam pytanie, które wtedy zadał: „Gdy byłeś dzieckiem, czy łatwiej odrabiało ci się pracę domową, gdy radio i telewizja były włączone, a wokół słychać było rozmowy innych ludzi? Gdy wszystko to działo się naraz, czy wszystko szło ci dużo łatwiej?".

To byłam ja. Mówił jeszcze: „Humanoid często słyszą, że coś jest z nimi nie tak, bo robią rzeczy inaczej. Mówi się im, żeby skupiali się na każdej rzeczy z osobna". To też było o mnie! Gary kontynuował i słuchając tej opowieści o human i humanoid, zdałam sobie sprawę, że wszystko jest ze mną w porządku. Nie byłam wcale dziwna. Byłam po prostu humanoid.

Humanoid pracują dużo lepiej, gdy mają w jednym czasie przynajmniej cztery albo pięć otwartych projektów lub biznesów. Gdy zajmują się tylko jedną rzeczą, zaczynają uprawiać coś, co przypomina zwlekanie, choć tak naprawdę tym nie jest. Oni potrzebują po prostu wielu dziejących się naraz przeróżnych rzeczy, co sprawia, że pracują szybciej. Gdy jesteś przy swoim komputerze, czy masz przed sobą otwartych dziesięć różnych dokumentów? Jeśli tak, prawdopodobnie jesteś humanoid. Potrafisz uporać się z rzeczami dużo szybciej niż human. Oni pracują raczej powoli. Często lubią zajmować się jedną rzeczą, aż zostanie ona ukończona. Dopiero potem zabierają się za kolejną.

Czy cieszy cię to, co robisz?

Humanoid czerpią zwykle ogromne zadowolenie ze swojej pracy. To, czym się zajmują, często nie ma dla nich żadnego znaczenia. Ekscytują się tym, co potrafią wygenerować. W ich postawie słychać pytanie: „Co teraz możemy zrobić?". Ludzie często krępują się mówić o tym, że uwielbiają pracować. Czy przyznałeś już przed sobą, że tak naprawdę kochasz pracować – i jesteś jednym z tych dziwaków, którzy ubóstwiają biznes? A może zauważyłeś, że podstawą twojego funkcjonowania jest radość biznesu? Może nawet dostrzegasz, że *jesteś* radością biznesu? Postawa human jest dokładnie odwrotna. Można usłyszeć jak mówią: „Uff! Dopiero środa – jeszcze całe pół tygodnia! albo: „Dzisiaj poniedziałek – muszę jeszcze wytrzymać pięć dni".

Czy osądzasz siebie?

Kolejna ogromna różnica pomiędzy human i humanoid dotyczy tematu osądzania. Humanoid zazwyczaj osądzają samych siebie. Doszukują się popełnionych błędów i skupiają na tym, co mogli zrobić lepiej, nawet wtedy, gdy udało im się zrealizować wspaniałe rzeczy. Czy przypomina to trochę twoje zachowanie? Czy zawsze dostrzegasz w swojej pracy coś niedoskonałego, co mogło być zrobione lepiej, szybciej, dokładniej i taniej? No cóż, muszę ci to powiedzieć. Wszystko, co zrobiłeś jest zupełnie w porządku! Najprawdopodobniej jesteś humanoid, a oni nie znają umiaru w osądzaniu siebie.

Dla kontrastu, human nie mają hamulców w osądzaniu innych. Zamiast uznać indywidualne zdolności innych ludzi oraz odmienne perspektywy przejawiające się w ich projektach lub biznesach, human mają zwyczaj narzekania, osądzania i wytykania innym tego, co zrobili lub nie. W rozmowie z nimi słychać komentarze w stylu: „On powinien był zrobić to tak" albo: „Mogła to zrobić dużo szybciej". Z ich punktu widzenia, wszystko, co robią inni nie jest takie, jak być powinno.

Human, Humanoid i pieniądze

Kolejną różnicą pomiędzy human i humanoid jest ich podejście do pieniędzy. Większość human zadawala się regularną pensją lub wypłatą, dzięki której wiedzą ile pieniędzy pojawi się w danym miesiącu. Wierzą, że pieniądze zdobywa się tylko poprzez ciężką pracę i dlatego wydaje im się ona trudna i pozbawiona radości.

Humanoid nie są aż tak skupieni nia pieniądzach i rzadziej szukają osadzenia w pracy, która przyniesie im regularną pensję. W ich biznesie i życiu nie chodzi o pieniądze. Nie są one motywacją do kreowania i generowania czegokolwiek. Humanoid skłaniają się raczej ku kreatywnym aspektom biznesu. Jeśli przypomina to choć trochę twój sposób funkcjonowania, może czas poprosić o to, by pieniądze zaczęły ukazywać się w twoim życiu. Jak by to było, gdyby dało się przetransformować kreatywność, którą jesteś, w dolary na twoim koncie bankowym?

Czy często zmieniasz zawody albo profesje?

Większość human zadowolona jest ze swojego życia. Nie wydają się być zainteresowani zmianą, podczas gdy humanoid zawsze poszukują czegoś nowego. Oni zawsze pragną zmiany. Humanoid potrafią na przestrzeni kilku lat wypróbować 20 różnych zawodów. Ludzi mówią o nich, że są „niestabilni".

Humanoid pytają wtedy: „O co wam chodzi?". Oni po prostu pragną skosztować wielu różnych rzeczy. Czy to także opisuje ciebie? Wykonujesz tylko te zawody, które chcesz, szybko dochodzisz do perfekcji i zaraz czujesz się znudzony, więc znów wybierasz coś innego? Wolałbyś raczej umrzeć, niż trzymać się jednej rzeczy przez całe życie? Nie próbuj nawet się do tego zmuszać. To zaprzeczenie tego, kim jesteś jako istnienie.

Zanim dowiedziałam się o human i humanoid, zawsze obwiniałam się za to, że wciąż coś zmieniam i szukam czegoś innego. Poza tym, zawsze dezorientowało mnie to, że niektórzy ludzie nie pragnęli zmian i nie prosili o więcej. Opis human i humanoid pozwolił mi przejść nad tym do porządku dziennego. Przestałam czuć się źle z tym, jak funkcjonowałam. Łatwiej było mi też zrozumieć ludzi wokół mnie, którzy nie przejawiali potrzeby sięgania po więcej.

Co inni kochają robić i kim uwielbiają być w swoich biznesach?

Rozróżnienie pomiędzy human i humanoid nie ma nic wspólnego z osądzaniem ich. Chodzi raczej o świadomość faktu, iż na planecie Ziemia znajdują się dwa gatunki istnień. Da ci ona dużo więcej lekkości i jasności w twoim biznesie i w twoim życiu. Zrozumienie różnicy pomiędzy human i humanoid daje mi świadomość tego, co każda osoba kocha robić i kim pragnie być w swoim biznesie. Daje mi także jasność, lekkość i świadomość tego, jak postępować z ludźmi. Mam nadzieję, że ta informacja pomoże i tobie, a przede wszystkim – pozwoli ci wyjść poza osąd samego siebie.

A jeśli nigdy nie popełniasz błędów?
Jak by to było, gdybyś przestał osądzać siebie?
Jak by wyglądało wtedy twoje życie i twój biznes?
Kreowałbyś wtedy więcej czy mniej pieniędzy?

Rozdział 7

JAK ROBIĆ Z LEKKOŚCIĄ MILION RZECZY NARAZ
Podążając za energią

Rozmawiałam niedawno z kobietą, która ma wiele zróżnicowanych zainteresowań i biznesów. Zastanawiała się, jak udaje się jej nad tym wszystkim panować. Ludzie mają zazwyczaj kłopot w koordynowaniu różnych aspektów swojego biznesu i życia, więc martwią się, jak poradzić sobie ze wszystkim. Czy tak jest też z tobą? W przeciwieństwie do tego, co możesz pomyśleć, super-organizacja nie jest tutaj rozwiązaniem. W tym momencie zaczyna się podążanie za energią oraz funkcjonowania z nieograniczonej przestrzeni, którą jesteś.

Spróbuj tego ćwiczenia:
Zamknij na chwilę oczy, rozprzestrzeń się i poczuj zewnętrzne krawędzie siebie. Poszerzaj siebie coraz bardziej i bardziej, aż

poczujesz swoje zewnętrzne krawędzie. Czy już je czujesz? Czy wciąż się rozprzestrzeniasz? Kiedy poszerzasz siebie w taki sposób, możesz mieć świadomość całej naszej planety. Kiedy się kurczysz, możesz być świadomy dwóch, trzech, może czterech osób. Jeśli odkryjesz, że nie odczuwasz świadomości całej planety, ćwicz poszerzanie swojej świadomości. To jak mięsień, który trzeba wyćwiczyć. Nie przestawaj trenować.

Gdy będziesz ćwiczyć rozprzestrzenianie się we wszechświecie, odkryjesz, że funkcjonowanie z nieograniczonej przestrzeni siebie jest dużo łatwiejsze. Pozwala ono mieć dużo większą świadomość świata. Możesz wtedy postrzegać energię wszystkiego, co się dzieje, gdziekolwiek skierujesz swoją uwagę i gdy tylko poczujesz pociągnięcie w jakimś kierunku, skupiasz uwagę właśnie tam i wiesz doskonale, co należy zrobić.

Kiedy masz 30 otwartych projektów, nad którymi pracujesz, nie znaczy to, że musisz skupiać się na wszystkich każdego dnia. Chodzi o to, że one wszystkie znajdują się w twojej świadomości. Nie odcinaj ich od siebie. Bądź ich świadomy i gotowy, by wiedzieć, kiedy coś wymaga twojej pracy, a kiedy potrzebujesz kogoś, kto może ci w czymś pomóc. To nawiązuje do sugestii, by zadawać pytania i pozwalać wszechświatowi być dla siebie wsparciem. (Pamiętaj, że zatrudniłeś wszechświat na całą wieczność.)

Podążanie za energią

Podążać za energią znaczy otrzymywać energię, którą wiesz, że twój biznes i twoje życie mogą się stać, oraz podążać za wszystkim, co się ukaże i będzie do tej energii pasować. Kiedy podążasz za energią tego, czym wiesz, że możesz być, dostrajanie się przestaje być twoim źródłem połączenia. Zaczynasz funkcjonować poprzez swoje niograniczone postrzeganie, wiedzenie, bycie i otrzymywanie. Możliwości wykraczają ponad wszystko, co zna twój logiczny umysł. Są one ponad czasem, wymiarami, rzeczywistością i materią. Zadajesz pytania i nie wiesz, jaka pojawi się odpowiedź, lub o co zostaniesz poproszony, żeby zrobić lub kim się stać – i jesteś gotów stać się tym i zacząć działać. Gdy podążasz za energią, nigdy nie wiesz, co może się ukazać. Jak mawia mój przyjaciel, dr Dain Heer: „To nigdy nie wygląda tak, jak myślisz, że ma wyglądać". Nie ma wtedy miejsca na ani jedną konkluzję.

Podążaj za energią twojego biznesu

Kiedy miałam już swoje biuro, chodziłam do pracy każdedo dnia. Bywały jednak takie dni, kiedy mój biznes i ja nie życzyliśmy sobie pracować. Szybko nauczyłam się, by w takie dni zabierać siebie stamtąd i iść do kina, na lunch, na pływalnię, lub robić coś dla siebie. Robiłam wtedy rzeczy, które chciałam, wiedząc, że pozostanie w biurze nie byłoby produktywne. Bywały także dni, kiedy pracowałam jeszcze długo po północy i udawało mi się w cztery lub pięć godzin wykonać pracę zaplanowaną na cały tydzień. Nigdy nie kupuj punktów widzenia innych ludzi, dotyczących tego, czego wymaga twój biznes. Nie pozwalaj sobie na to. To ty wiesz, czego mu potrzeba.

Kiedy pracuję, po prostu pragnę generować. Godziny mojej pracy są zupełnie bez znaczenia. Czasami rodzą się z tego powodu ciekawe scenariusze. Był taki moment w Good Vibes, gdy współpracowaliśmy z ludźmi od logistyki. Kiedy zobaczyli oni nasze nieregularne godziny pracy, powiedzieli, że powinniśmy choć sprawiać wrażenie, że pracujemy od dziewiątej do piątej. Spojrzeliśmy na siebie i od razu padało pytanie: „Co?", ponieważ dzwoniliśmy czasem do ludzi o godzinie dziewiątej w sobotnie wieczory i słaliśmy do nich maile w niedzielne popołudnia. Specjaliści od logistyki mówili nam: „Zapiszcie wszystkie wiadomości i wyślijcie je w poniedziałek z samego rana". „Co?" – odpowiadaliśmy. Ktoś w Ameryce powiedział pewnego razu do mojego partnera biznesowego: „Simone dzwoniła do mnie wczoraj, w niedzielę. Myślę, że nie zdawała sobie sprawy, jaki to dzień". On uśmiechnął się tylko i odparł: „Simone nie mogła wiedzieć, że to była niedziela, ponieważ dla niej, każdy dzień jest dniem pracy oraz każdy dzień jest świętem. Podążanie za energią i robienie rzeczy w jej własnym rytmie i totalnie po swojemu jest częścią radości biznesu".

Jak by to było, gdybyś kreował swój biznes i swoje życie każdego dnia od nowa?

Lata temu, gdy podróżowałam po świecie, jeżdżąc z miejsca do miejsca, codziennie spotykałam nowych ludzi. Dzięki temu, zdałam sobie wtedy sprawę, że mogę codzienie kreować moje życie na nowo. Nie było w tym żadnych oczekiwań, nie musiałam wypełniać żadnych zobowiązań. Mogłam być tym, kimkolwiek tylko chciałam się stać. Mogłam robić cokolwiek tylko zapragnęłam. Niczemu nie nadawałam znaczenia. Mogłam codziennie kreować siebie inaczej. Każdy dzień był przygodą. Kiedy budziłam się rano, nie wiedziałam nigdy, gdzie zechcę znaleźć się pod koniec dnia. Nigdy nie wiedziałam, gdzie będę jeść, gdzie spać, kogo jeszcze w tym dniu spotkam i jak wszystko będzie wyglądać.

Dlaczego nie mielibyśmy wybierać kreowania podobnego poczucia przygody w naszym biznesie i na co dzień w naszym życiu? Jak by to było, gdybyś rano budził się i pytał: „Jak chciałbym, żeby wyglądał dzisiaj mój biznes?". Gdybyś więc kreował swój biznes i swoje życie na nowo każdego dnia? Jak by to było, gdybyś podążał za energią i funkcjonował z nieograniczonej przestrzeni siebie?

Czym jest nieograniczona przestrzeń?
To przestrzeń, którą kreujesz we własnej rzeczywistości, kiedy nie ma konkluzji, ograniczeń, ani oczekiwań – tylko pytanie, żądanie i wybór.

Rozdział 8

NIE JESTEŚ SWOIM BIZNESEM

Pewnego dnia spacerowałam ulicami Sydney, gdy ktoś powiedział do mnie: „O, to ta pani z Good Vibes!". Na początku wydało mi się to śmieszne. Gdy jednak pomyślałam o tym przez chwilę, zdałam sobie sprawę, że tak zidentyfikowałam się ze swoim biznesem, że nie wiedziałam, kim jestem bez niego. Myślałam, że to ja nim jestem. Dzisiaj wiem, że to nieprawda. Mój biznes jest osobnym istnieniem, sam dla siebie. Ja go tylko prowadzę. Jestem dla niego wsparciem każdego dnia i pozwalam, by on był wsparciem dla mnie, ale nie znaczy to, że jestem swoim biznesem. Gdybym pozwoliła sobie pozostać osobowością „pani z Good Vibes", nigdy nie otrzymałabym możliwości współpracy z Access Consciousness®. Odcięłabym wszystkie inne możliwości, by zachować tę osobowość nietkniętą.

Jeśli zaczynasz być identyfikowany ze swoim biznesem i myślisz, że jest on tobą, próbujesz kierować wszystkim tak, jak *ty* uważasz za stosowne, czym nieumyślnie ograniczasz to, co jest możliwe.

Postrzeganie siebie jako biznes, oznacza również, że gdy biznes upadnie, ty także musisz upaść lub zmuszać go do życia, zamiast z pełną świadomością powiedzieć po prostu: „OK. To była niezła zabawa. Teraz idziemy dalej!". To tak, jakbyś chciał ożywić na siłę związek. Wszyscy tego próbowaliśmy – i wiemy już, że to nie działa. Jeśli nadeszła pora, żeby odpuścić, to teraz jest właśnie ten czas.

Twój biznes, tak jak wszystko, posiada własną świadomość. Ma także swój sposób, w jaki chciałby się rozwijać. Dlatego, kiedy potrafisz to otrzymać i masz na to pozwolenie, może on odnieść dużo większy sukces. Ja zawsze zadaję mojemu biznesowi pytania o to, co chciałby robić, gdzie chciałby zaistnieć, z kim chciałby się spotkać lub kogo chciałby zaangażować. Prawdopodobnie nie otrzymasz kognitywnej odpowiedzi na te pytania. W porządku. Chodzi o zadawanie pytań i pozwalanie, by ukazywała się energia, która poprowadzi cię do następnego kroku. Jedyne, co musisz zrobić, to być otwartym na otrzymywanie i dokonywanie wyborów.

Zadaj swojemu biznesowi pytania i on udzieli ci informacji. Jeśli pytasz, biznes będzie dosłownie kreował i generował energię, która przyciągnie klientów lub biznesowe transakcje, czy też cokolwiek innego, co będzie potrzebne na dany moment.

Jest tak wiele pytań, które możesz zadawać swojemu biznesowi, projektowi lub firmie:

- *Jakim mogę być dla ciebie dzisiaj wkładem?*
- *Co chciałbyś wykreować w następnej kolejności?*
- *Co chciałbyś robić?*
- *Gdzie chciałbyś być dzisiaj?*
- *Z kim chciałbyś porozmawiać?*
- *Kogo chciałbyś zaangażować do współpracy?*

Świadomość tego, że twój biznes jest odrębnym istnieniem sprawi, że twoje życie – jako osoby zajmującej się biznesem – stanie się dużo łatwiejsze i pozwoli ci mieć dużo więcej zabawy. Bycie biznesem to mozolna harówka. Kiedy próbujesz zamienić *siebie* w *biznes*, staje się to *ciężką* pracą!

Jakiś czas temu zauważyłam, że jestem dużo bardziej ekspansywna w mojej pracy jako Koordynator Access Consciousness® na Świat, niż w Good Vibes for You. Podczas jednej z rozmów z Garym, zapytałam:

– Jak to się dzieje, że gdy pracuję z Access, potrafię mieć tak dużo przestrzeni i świadomości? Dostrzegam wtedy cały świat i jeszcze dalej, doskonale wiem, co robić i z kim się skontaktować. Nie wydaje się to być takie proste z Good Vibes.

– Ponieważ jesteś właścielem Good Vibes – odpowiedział Gary.

Zdałam sobie sprawę, że ma rację i czym prędzej zmieniłam projekt wizytówek Good Vibes. Dzisiaj, zamiast: „Simone Milasas, Właściciel" jest tam napisane: „Simone Milasas, Międzynarodowy Koordynator". Dzięki temu pamiętam, że ja to nie Good Vibes. Nie jestem też właścielem. Koordynuję międzynarodowy biznes o nazwie Good Vibes for You. To dało mi dużo więcej przestrzeni do działania.

Rozmawiałam o tym kiedyś z bardzo utalentowaną kobietą, która zajmuje się muzyką i aktorstwem. Mówiła, że ją to fascynuje, ale choć uwielbia muzykę i scenę, wciąż to odrzucała, z obawy, że zacznie ją to definiować. Myślała sobie: „Jeśli zajmę się tą jedną rzeczą, nie będę mogła robić nic innego, bo zatracę siebie. Tym przecież jestem". Nie chcę się już ograniczać w taki sposób. Wiem teraz, że mogę robić wszystko, jeśli nie będę się z niczym identyfikować.

Czymkolwiek więc jest twój biznes, nie jest on tobą. Kiedy definiujesz siebie jako swój biznes, ograniczasz wszystko to, czym możesz się stać, co możesz zrobić, mieć, kreować i generować. Odcinasz swoją świadomość i zdolność otrzymywania nieograniczonych możliwości. Gdy jednak widzisz swój biznes jako odrębne istnienie, któremu pomagasz się rozwijać, masz wtedy dużo więcej wolności i przestrzeni. Nie zamykasz się w oczekiwaniu na jego sukces, co pozwala ci otrzymywać więcej informacji o tym, co jest możliwe.

Daj swojemu biznesowi zadanie do wykonania

Gdy już wiesz, że twój biznes jest odrębnym istnieniem, możesz dać mu zadanie do wykonania. Niech wie, że jego zadaniem jest zarabianie pieniędzy dla ciebie. Poproś, by generował przepływ pieniądza. On powie ci: „O! Mam przynosić ci pieniądze? OK!". Kiedy rozmawiam z Good Vibes, Joy of Business lub Access Consciousness®, często zwracam się do nich mówiąc: „jeden z biznesów, na których robię pieniądze". To przypomina im, że robienie pieniędzy jest ich zadaniem.

Zamień swoje konkluzje na pytania

Zatrzymaj się na chwilę i przyjrzyj się wszystkim momentom, gdzie zbudowałeś jakiekolwiek konkluzje na temat swojego biznesu. Za każdym razem, gdy zaczynasz mówić: „To nie działa" albo: „To nie może zadziałać", lub cokolwiek w tym tonie, zabijasz świadomość. Zamiast tego, spytaj swój biznes: „Jakie mogę tutaj zadać pytanie?". Powiedzmy, że masz farmę i zdecydowałeś już, że to porażka. Spróbuj zapytać ją:

- *Czego potrzebujesz?*
- *Czy jest coś, co wymaga zmiany?*

- *Czy możemy to zmienić?*
- *Jak możemy to zmienić?*

Może próbujesz uprawiać kukurydzę, a farma chce uprawy jabłek. Czego świadoma jest ta ziemia? Może zbliża się pora suszy? Może powinieneś uprawiać coś innego? Wszystko ma swoją świadomość, więc zwróć się do wszystkiego z prośbą o informację. Jak by to było, gdybyś mógł kreować i generować swój biznes w taki sposób, zamiast próbować wszystko opracowywać i wymyślać?

Kiedy zadajesz swojemu biznesowi pytania, nie możesz mieć punktu widzenia, jakie powinny pojawić się odpowiedzi. Musisz być otwarty na to, by otrzymać energię wysłaną przez kogokolwiek, włącznie z twoim biznesem. Każdy punkt widzenia przyjmuj bez osądu i pytaj: „Czego bym teraz chciał?", po czym wczuj się w twój biznes lub projekt i zapytaj go: „Czego ty potrzebujesz?". Potem dokonaj wyboru. I jeszcze jednego i jeszcze jednego, ponieważ każdy wybór, którego dokonujesz jest dobry na dziesięć sekund. Wybór zawsze kreuje więcej świadomości.

Wszystko, włącznie z twoim biznesem, ma świadomość.
Wybór kreuje świadomość, świadomość nie kreuje wyboru.
~ Dr Dain Heer

Rozdział 9

PRIORYTETY VS. CELE

Czym jes dla ciebie sukces?

Czym jest dla ciebie sukces? Dla większości ludzi, wartośc sukcesu przelicza się w pieniądzach. Sprowadza się go do zawartości konta bankowego i cyferek na rachunku zysków i strat. A jeśli sukces w biznesie jest czymś zupełnie innym? I nie chodzi wyłącznie o zysk? Jeśli jest coś dużo większego – zupełnie inny priorytet dla ciebie i twojego biznesu? Jak by to było, gdyby pieniądze pojawiały się dzięki generowaniu i kreowaniu energii tego, co wiesz, że jest możliwe w twoim biznesie? Powiem więcej! Tak właśnie jest!

Dla mnie, w biznesie chodzi o zmienianie świata. Jestem zaledwie jedną osobą z Australii, która pragnie coś na tym świecie zmienić. Gdybym zdecydowała, że nie jest to możliwe, nie pisałabym tych słów i nie prowadziłabym klas Joy of Business. Jeśli choć jedna osoba zmieni się dzięki moim słowom, które znajdzie w tej książce lub usłyszy na mojej klasie, to będzie mój sukces.

Co o tym sądzisz? Gdy zastanowisz się przez chwilę, co dla ciebie znaczy sukces, możesz zacząć myśleć o swoich celach. Zanim pójdziesz w tym kierunku, zapraszam cię do rozważenia różnicy pomiędzy celem a priorytetem. Priorytet jest w ciągłym ruchu. To coś, do czego możesz zmierzać nawet wtedy, gdy wszystko się zmienia. Cel natomiast, ma swoje ustalone miejsce. Jest raczej czymś stałym i nieelastycznym. Przy celach zawsze pojawiają się oczekiwania, co w większości przypadków prowadzi do rozczarowań i osądów. Co więcej, cel jest ograniczony, podczas gdy priorytet nie ma ustalonych granic.

Energia, z jaką zmierza się w kierunku priorytetów, jest zupełnie inna niż ta, kiedy chcemy realizować cele. Jest dużo lżejsza. Cel jest niczym więzienie [z angielskiego: *goal* – cel, *gaol* – jail, czyli więzienie]. Jeśli nie osiągniesz celu, będziesz się za to osądzać. A gdy w końcu do niego dotrzesz, możesz uznać go za pewien rodzaj końcowej linii mety. Co wtedy się dzieje? W obu przypadkach – zamykasz się.

Jaki jest twój priorytet?

Kiedy zapytałam jednego z moich przyjaciół, jaki priorytet chciałby kreować w swoim biznesie, powiedział:

– Nie mam żadnego priorytetu. Chciałbym po prostu otworzyć winnicę.

– Jeśli zadasz pytanie, świadomość twojego priorytetu natychmiast się pojawi – powiedziałam, po czym zaczęłam zadawać mu pytania: – Jaki chciałbyś, żeby twoja winnica miała wpływ na świat i na ludzi? Dla kogo ma być to wino?

– No cóż – zaczął – to, co ja kocham w winie, to intymność, jaką potrafi wygenerować między ludźmi.

— Wspaniale. To jeden z twoich priorytetów — odparłam. — Jaka jeszcze ukazuje ci się energia związana z wykreowaniem wytwórni win?

— To zaproszenie dla ludzi, żeby cieszyli się sobą i winem, żeby zakosztowali tej elegancji i dekadencji życia — odpowiedział. — Tu chodzi o to, żeby mieć więcej niż się pragnie, więcej niż pozwala ta rzeczywistość. To hedonizm. Jest w tym też energia pracy i zabawy z ziemią.

— Cudownie — powiedziałam. — Lubisz elegancję, dekadencję i intymność, zarówno w swoim życiu, jak i w biznesie. Wiesz także o tym, że lubisz pracować i bawić się z ziemią.

— Tak — zgodził się. — Chciałbym zostać zarządcą dla Ziemi.

To był dobry początek, żeby określić priorytety potrzebne do generowania tego biznesu, ponieważ — jak powiedziałam wcześniej — one lubią się zmieniać bez końca.

Znam pewnego facilitatora Access Consciousness®, którego pragnieniem jest kreowanie świadomości na tej planecie. To jej priorytet. Pracuje z więźniami, choć nie otrzymuje za to wynagrodzenia. Powiedziała mi kiedyś: „Mam w tym lekkość. Daje mi to dużo satysfakcji, radości i zabawy. Wnosi tak wiele do mojego świata". Wybierając pracę z więźniami, każdego tygodnia otwiera wszechświaty na więcej świadomości.

Jeśli znasz swoje priorytety i rozpoznajesz, jaka towarzyszy im energia, możesz zaprosić ją do swojego życia. Gdy tylko pojawia się coś, co pasuje do tej energii, nie wahaj się tego wybrać. Nie ważne, czy przyniesie to pieniądze, czy sprawi, że ktoś pojawi się lub opuści twój biznes lub doprowadzi do totalnej zmiany w produktach i usługach. Jeśli tylko pasuje to do energii twoich priorytetów, idź w tym kierunku.

Moim priorytetem było od dawien dawna inspirowanie ludzi, by patrzyli na świat w zupełnie inny sposób. Nie wiedziałam, jak to ma wyglądać. Niemniej jednak, zaczęłam zapraszać tę energię to mojego życia. Założyłam Good Vibes for You, a potem spotkałam Gary'ego Douglasa, który zapoznał mnie z Access Consciousness®.

Kiedy rozważałam, czy udać się do San Fransisco na swoją pierwszą wielką klasę Access®, którą prowadził Gary, tonęłam w długach. Nie byłam pewna, czy to dobra decyzja. Porozmawiałam więc ze swoim tatą, który w tamtym czasie był moim księgowym. Powiedział mi:

– Więc tak. Podróż, po zsumowaniu wszystkich kosztów, wyniesie cię 10,000 dolarów. To bardzo dużo pieniędzy, choć myślę, że musisz się w nią udać i sama sprawdzić, czy to rzeczywiście to, co chiałabyś robić ze swoim życiem.

Na swój własny sposób, tata poradził mi, bym podążała za energią i nie dokonywała wyborów w oparciu o koszty podróży, ale o to, jak chciałabym, żeby wyglądało moje życie. Jestem mu za to niezmiernie wdzięczna.

Mogłam wtedy wyprodukować milion wymówek, żeby tam nie pojechać. Mogłam powiedzieć: „Och! Chciałabym pojechać, ale nie mam pieniędzy. Nie mogę tego zrobić". Zabiłabym w ten sposób przyszłe możliwości i wszystko to, czym moje życie jest dzisiaj. Zamiast tego, podążyłam za energią tego, gdzie chciałam się znaleźć, bez względu na to, jak miało to wyglądać i tak naprawdę, właśnie to było wygenerowaniem jeszcze większej świadomości dla planety, co nawiązuje do moich pierwotnych priorytetów. Co jeszcze jest możliwe?

Jak wiele przyszłych możliwości przed sobą zamknąłeś? Czy zechcesz teraz odkreować i zniszczyć wszystko, co się pod tym kryje, razy sam Bóg wie, ile razy? Zgoda niezgoda, dobrze źle, POD i POC, wszystkie dziewięć, w skrócie, ponad, nuklearne sfery.

Priorytety vs. cele

Jaki jest twój priorytet? Co to jest, co chciałbyś kreować, generować i ustanawiać? Wszędzie tam, gdzie nie chciałeś i wciąż nie chcesz postrzegać, wiedzieć, być i otrzymywać wszystkiego, co współgra z twoim priorytetem, czy teraz to odkreujesz i zniszczysz, razy sam Bóg wie, ile razy? Zgoda niezgoda, dobrze źle, POD i POC, wszystkie dziewięć, w skrócie, ponad, nuklearne sfery.

Używaj pytań to generowania priorytetów dotyczących zysków

Możesz także ustalić swoje priorytety dotyczące zysków. Rozmawiałam kiedyś z hodowcą bydła mlecznego, który powiedział mi:

– Zdecydowaliśmy się na określoną liczbę krów, które produkują określone ilości mleka, co zapewnia nam określone zyski. Nie chcemy zwiększać liczebności bydła, ale chcielibyśmy zwiększyć zysk. Jak możemy tego dokonać?

– Czy potrzebujesz więcej informacji? – zapytałam.

– Nie – odpowiedział, na co odparłam w żartobliwym tonie:

– No cóż, mógłbyś zawsze zadać pytanie: „Czego jeszcze potrzeba naszym krowom, żeby w magiczny sposób zaczęły produkować cztery razy więcej mleka?". Może tak by się stało, ale osobiście sugeruję z pełną świadomością spojrzeć na to, co jest, i pomyśleć o zwiększeniu zysków w punkcie, gdzie znana jest rzeczywista ilość mleka, jaką produkują krowy. Wtedy zadaj pytanie: „Co jeszcze musimy zrobić lub dodać do naszego biznesu, żeby generować zysk zgodnie z naszymi priorytetami?". Może potrzebujesz wziąć udział w klasie Access Consciousness®, a może czas zdecydować się na więcej krów. Jeśli jesteś gotowy mieć więcej świadomości, istnieje możliwość, że zaczniesz generować więcej. Może będzie trzeba zarządzać kolejną farmą. Niekoniecznie musisz być jej właścicielem. Mógłbyś nią zarządzać i w ten sposób podwoić produkcję mleka. Możesz też zadać takie pytanie: „Jeśli radzimy sobie z jedną farmą, ile jeszcze farm moglibyśmy prowadzić?" albo: „W jaki sposób ograniczam się do jednego stada, które teraz posiadam? Co jeszcze jest możliwe?".

Od tamtej pory zwiększyli oni swój asortyment produktów i całkiem niedawno zaczęli sprzedawać przepyszną śmietanę wysokiej jakości, która stała się bardzo popularna i bardzo dobrze się sprzedaje.

Kiedy ustalasz priorytet, musisz spojrzeć szerzej na to, co jest na zewnątrz i ponad tobą. Bądź gotowy wybić się i zrobić coś innego. W przeciwnym razie, nigdy nie ruszysz z miejsca, w którym jesteś. Musisz wyjść poza ramy czasu, wymiarów, rzeczywistośi i materii. Powiedz sobie: „Dzisiaj zamierzam być inny. I jutro ponownie zamierzam być inny".

Nie pozwól, by twoje priorytety stały się decyzjami

Uwielbiam ustalać priorytety. Jestem także świadoma sposobów, w jakie mogą mnie one ograniczać. Priorytety mogą czasem stawać się decyzjami, które powodują zastój. Ryzykowne jest też skupianie się na rezultatach. Gdy tylko coś przestaje być tak lekkie i radosne, jakie było w pierwszym momencie, w którym to wybierałam, wiem, że stało się decyzją.

Gdy zaczęłam pracować z ludźmi używając procesów Access Consciousness®, byłam mocno skupiona na efektach. Podczas prywatnych sesji, kiedy ktoś nie do końca „łapał", byłam zdruzgotana. To zdecydowanie nie była radość biznesu! Teraz moje podejście jest zupełnie inne. Wiem, że osoba, z którą pracuję, może wziąć ode mnie jedno malutkie narzędzie i to jedno malutkie narzędzie może pomóc mu otworzyć niewyobrażalnie większą przestrzeń życiową. Tydzień później, jakieś słowa, które powiedziałam, mogą dotrzeć do jej świadomości. Zmiana ukazuje się na tak wiele sposobów. Nie możesz oczekiwać określonych efektów, ponieważ tak naprawdę nigdy nie wiesz, jaki będzie rezultat.

Możesz na przykład planować poprowadzenie klasy. Zrobiłeś wszystko, co mogłeś, żeby poinformować o tym wszystkich i zaplanowałeś, że pojawi się na niej określona liczba uczestników. Fantastycznie jest mieć cel – potem jednak musisz od niego odstąpić. A jeśli pojawi się tylko jedna osoba? Nigdy nie wiesz, jakiej zmiany możesz dokonać właśnie z jej wsparciem. Mam takie doświadczenie. Lata temu, to ja byłam tą jedną osobą, która pojawiła się na spotkaniu otwartym Access Consciousness®. Usiadłam tam i słuchałam tego faceta, który prowadził klasę. Myślałam, że jest szalony. Ale gdy obudziłam się następnego ranka, wiedziałam, że coś uległo znaczącej zmianie. Zadzwoniłam do niego i spytałam: „Co ty mi zrobiłeś? Jestem inna". To był początek zupełnie nowego kierunku w moim życiu.

Powiedzmy, że masz pojawić się na targach i twoim celem jest dotrzeć do tak wielu ludzi, jak to tylko możliwe. Kalibrujesz sukces tego wydarzenia bazując na ilości nazwisk i numerów telefonu, z którymi opuścisz to spotkanie. A może sukces jest czymś innym. A jeśli w jakiś sposób zmienisz życie osoby sprawdzającej bilety, po prostu będąc sobą?

Wyobraź sobie, co byś robił wiedząc, że porażka jest niemożliwa

Czasami ludzie trzymają się z daleka od swoich priorytetów, ponieważ boją się nieudanej. Czym więc w ogóle jest porażka? Proszę bardzo, spróbuj to zdefiniować. Czy kiedykolwiek coś ci się nie udaje? Czy po prostu generujesz coś, co okazuje się być czymś zupełnie innym, niż to sobie wyobrażałeś? Czy to się równa z „porażką"? Priorytety są w ciągłym ruchu i zmieniają się nieustannie.

Wszędzie tam, gdzie nie byłeś gotowy, by funkcjonować z miejsca: "wyobraź sobie, co byś robił wiedząc, że nie może ci się nie udać", czy to zniszczysz i odkreujesz, razy sam Bóg wie, ile razy? Zgoda niezgoda, dobrze źle, POD i POC, wszystkie dziewięć, w skrócie, ponad, nuklearne sfery.

Rozdział 10

BĄDŹ GOTOWY NA ZMIANĘ

Cytryny czy pomarańcze?

Często spotykam ludzi, którzy mają wiele konkluzji na temat tego, jaki *będzie* ich biznes, zamiast zadawać pytania, jaki *mógłby być*. Pozwolę sobie podać przykład. Załóżmy, że grupa osób zdecydowała się na założenie firmy produkującej sok pomarańczowy. Mogliby zacząć od pytania: „Czego potrzebujemy?". Drzewek pomarańczowych. OK! Kupują mnóstwo drzewek i sadzą je. Drzewka rosną, a świeżo upieczeni właściciele biznesu z coraz większym podekscytowaniem oczekują przepysznego soku pomarańczowego, który będą produkować. Ich konkluzja brzmi: „Zamierzamy sprzedawać najlepszy sok w kraju" i zajmują się wszystkim, czego potrzeba, by firma odniosła wielki sukces. Drzewka wciąż rosną, otoczone troskliwą opieką. Są podlewane i nawożone. W końcu nadchodzi dzień, kiedy na gałązkach pojawiają się pąki, potem kwiaty. Ludzie są bardzo podnieceni. „Wkrótce będziemy mieć pomarańcze!" Wreszcie pojawiają się owoce. Ale to nie są pomarańcze – to cytryny.

W przestrzeni nieograniczonych możliwości, reakcja byłaby następująca: „O! Cytryny! Co jest w tym dobrego, czego jeszcze nie widzę? Jaki biznes możemy wykreować z cytrynami? Moglibyśmy produkować lemoniadę – albo robić placki cytrynowe".

Większość ludzi nie zajęłaby takiego stanowiska. Powiedzieliby raczej: „O nie! Nie udało się" i drzewa poszłyby do ścięcia. Zniszczyliby to, czym obdarował ich wszechświat, gdyż podarunek nie był tym, czym myśleli, że będzie. Nie musi to jednak tak wyglądać. Biznesy i firmy mogą zmieniać się w jednej sekundzie, jeśli jesteś gotowy, by je zmieniać. Tak naprawdę, całe twoje życie również może zmienić się tak szybko. Musisz jedynie być gotowy na to, że wszystko jest możliwe.

Pytanie, żądanie, wybór i wsparcie

Czterema elementami do wprowadzania zmian w twoim biznesie i w twoim życiu są pytanie, żądanie, wybór i wsparcie. Najpierw zadajesz pytanie, które otwiera drzwi do jeszcze większych możliwości. Wyrażasz żądanie określające czego pragniesz i potrzebujesz, co kreuje generatywną energię niezbędną do wprowadzenia tego w życie. I dokonujesz wyboru. Wybierasz co 10 sekund, wiedząc, że żaden wybór nie jest na stałe. Wybierasz coś i od razu otrzymujesz nową świadomość, po czym znowu wybierasz. Dokonywanie wyborów daje ci świadomość tego, co jest możliwe. Wszystko to jest wsparciem i wkładem, otwierając możliwości dla ciebie i twojego biznesu.

Czy jesteś gotowy na zmianę?

Rzadko kiedy osoba, która kreuje biznes jest jego dyrektorem naczelnym. Często zdarza się, że założyciel zajmujący stanowisko dyrektora zakleszcza się w pierwotnej wizji swojego biznesu i niechętnie podchodzi do zmian. Dzieje się tak, gdyż w fazie rozpoczynania biznesu większość założycieli formuje tak wiele punktów widzenia i konkluzji, że nie sposób wtedy dostrzec jakichkolwiek możliwości – ani tych na teraz, ani tych na przyszłość. Ustalone punkty widzenia na temat tego, jak ma wyglądać dany biznes, kreują w nim tylko blokady. Ludzie pojawiający się ze wspaniałymi ofertami nie są wtedy ani dostrzegani, ani doceniani. Założyciele nie chcą niczego zmieniać, choć zmiana jest czasami dokładnie tym, czego potrzeba w danej chwili. W końcowym efekcie, sami uśmiercają swój biznes.

Prawie udało mi się to zrobić z Good Vibes for You. Priorytetem dla mojego biznesu była zmiana sposobu, w jaki ludzie postrzegają świat i po spotkaniu z Garym Douglasem, gdy zaczęłam używać narzędzi Access Consciousness®, wiedziałam, że to, co oferował Access, dokładnie współgrało z priorytetami dla Good Vibes for You. Po pewnym czasie, zapragnęłam zajmować się Access Consciousness® na pełnym etacie. Myślałam, że jedynym na to sposobem było zniszczenie Good Vibes for You.

Gary zauważył moje działania i zapytał:

– Dlaczego chcesz zniszczyć Good Vibes?

– Ponieważ teraz chcę się zająć Access Consciousness®. (Czy zauważyłeś tutaj jakieś pytanie? Zero. Wszystko było konkluzją.)

– Dlaczego nie możesz prowadzic dwóch biznesów? – spytał.

– Czy Good Vibes mogłyby się wtedy zmienić? A może mogłabyś wprowadzić do tego biznesu kogoś jeszcze?

To były pytania, które zmieniły moje życie. Zanim je usłyszałam, uważałam, że mogę mieć tylko jedną firmę. Byłam nauczona, że jedna osoba może mieć tylko jeden biznes. Co ciekawe, odkryłam, że jedna firma zdecydowanie mi nie wystarczy. Po mojej rozmowie z Garym, zdałam sobie sprawę, że oprócz niszczenia biznesu były jeszcze inne opcje. Mogłam go zmienić! Zatrudniłam więc menadżerkę, przekazałam jej 50% biznesu i ona zaczęła go prowadzić. To pozwoliło mi wykonywać pracę, którą chciałam wykonywać w Access Consciousness® i jednocześnie zachować Good Vibes for You.

Ile już razy zacząłeś uprawiać drzewka pomarańczowe, które okazały się być cytrynowymi? Czy próbowałeś wciąż sadzić je na nowo (ponieważ uwielbiasz sok pomarańczowy) i nie pozwalałeś, by ukazało się coś innego?

Zejdź z drogi

Zejdź z drogi, na której zdecydowałeś już, jaki powienien być twój biznes, twoja firma albo projekt i zadawaj więcej pytań. Musisz być gotowy na odejście twojego biznesu. Musisz być gotowy na to, że każdy jeden projekt, nad którym pracujesz, może się zaraz skończyć. Nie musisz jednak niszczyć biznesu, który wymaga od ciebie czegoś innego! To nie jest jedyna opcja. Zamiast decydować, że twoja firma albo projekt są martwe, albo że nie chcesz już się nimi zajmować, zadawaj pytania:

- *Kto lub co może być tutaj wsparciem?*
- *Co jeszcze mogę dodać do mojego biznesu?*
- *Co jeszcze mogę dodać do mojego życia?*

Biznes plan i budżet

Kiedy mówię o byciu otwartym na zmiany, nie oznacza to, że powinieneś zaniechać robienia planów dla twojego biznesu. Nie ma w tym nic złego. Powinieneś także pamiętać, że prawie wszystko ukazuje

Bądź gotowy na zmianę

się w zupełnie inny sposób, niż myślałeś, że się ukaże. Miej to na uwadze, gdy opracowujesz plany inwestycyjne lub ustalasz budżety.

Jeśli kreujesz budżet na potrzeby zaprezentowania go inwestorom, rób to z „interesującego punktu widzenia". Czy musisz trzymać się swojego budżetu? Nie. Bądź gotowy na jego zmiany. On da ci większą świadomość i będziesz mógł pokazać go inwestorom, których chcesz przyciągnąć. Pokaż im jakie ty obierasz punkty widzenia na temat tego gdzie i jak chciałbyś wydawać pieniądze.

Kiedy jest zrobiony biznes plan, rodzi się pokusa, żeby wszystko, co ma się wydarzyć, do niego pasowało. Jeśli nie ma w twoim planie drzewek cytrynowych, mógłbyś je ściąć zanim jeszcze rozważysz inne możliwości. Nie mam nic przeciwko pisaniu biznes planów. Wiem tylko, że nie są one wyryte w kamieniu. Czy plan może się zmienić? Absolutnie tak. Może zmienić się w sekundzie, a ty masz być otwarty, by zmiana mogła zaistnieć. Stwórz biznes plan dla świadomości – a nie jako konkluzję.

Nie możesz zatrzymywać swojego biznesu w miejscu. Musisz powolić mu, by sam się generował. To jak uprawianie ogrodu. Kiedy obsadzasz ogród, dokonujesz wyboru. Sadzisz coś i jeśli coś idzie nie tak, sadzisz coś innego. Nigdy nie powiesz: „To będzie doskonały ogród", ponieważ nie ma takich. On nieustannie wzrasta i wciąż się zmienia. Pozwalasz mu na te zmiany i wspierasz je. Nie kontrolujesz ogrodu.

Chodzi tutaj o jeszcze większą świadomość, którą możesz mieć i o możliwości dokonywania natychmiastowych zmian. Jeśli zachowujesz „interesujący punkt widzenia" na temat finansów, planów i projektów, pozwalasz, by ukazywała się magia.

A jeśli magia wykracza ponad wszystko,
co kiedykolwiek wyobraziłeś sobie, że jest możliwe?

Rozdział 11

POKAŻ MI PIENIĄDZE

Czy wiedziałeś, że istnieją niezliczone portale, przez które mogą płynąć do ciebie pieniądze? Biznes jest jednym z takich portali, poprzez który się ukazują. Jeśli nie masz punktu widzenia na temat tego, w jaki sposób mogą się one pojawiać, pozwalasz im przychodzić nie tylko poprzez twój biznes, ale także z innych kierunków.

Jeśli postrzegasz zdobywanie pieniądze, jako linearną propozycję i wierzysz, że biznes jest portalem dla pieniędzy, wtedy tak, biznes jest portalem dla pieniędzy. Oprócz tego, są jeszcze inne portale związane z pieniędzmi, a biznes jest portalem dla różnych innych rzeczy oprócz pieniędzy. Jest przykładowo portalem dla zmiany. Gdy tylko dojdziesz do wniosku skąd mają przychodzić do ciebie pieniądze, natychmiast odcinasz się od otrzymywania ich z jakiegokolwiek innego źródła. Za każdym razem, gdy jesteś gotowy być wsparciem i otrzymywać je we wszyskim – w relacjach, w seksie, w biznesie, w przestrzeni finansowej i w każdym aspekcie życia, twoja gotowość na otrzymywanie otwiera dostępne możliwości.

Jeden z moich przyjaciół opowiedział mi ostatnio o swojej rozmowie z synem, który zwrócił się do niego z prośbą:
– Tato, chcę pojechać z tobą w podróż po Australii.
– A może wyruszymy w podróż po całym świecie? – zaproponował tata, na co syn odparł:
– To brzmi fantastycznie!
– Muszę tylko zarobić trochę więcej pieniędzy, żebyśmy mogli to zrobić – powiedział tata.
Odpowiedź syna była zaskakująca:
– Nie martw się o pieniądze, tato. Ludzie bez przerwy je upuszczają. Znajdę je, podniosę i dam je tobie!
Jak by to było, gdybyś obrał punkt widzenia tego dzieciaka? Pieniądze są wszędzie. Ludzie bez przerwy je upuszczają. A gdyby były jak tlen? Oddychasz przecież każdego dnia. Jak by to było, gdybyś otrzymywał pieniądze tak po prostu, nie kupując tego linearnego punktu widzenia, który mówi o tym, jak mają się one pojawiać.

Kiedy spotkałam Gary'ego Douglasa, miałam długi w wysokości 187,000 dolarów. Posiadałam biznes z ogromną ilością towaru na sprzedaż i nie miałam z tego nic, oprócz niezłej zabawy. Wzięłam udział w klasie o biznesie, którą Gary prowadził w San Fransisco, na której dał nam kilka prostych narzędzi do pracy z pieniędzmi. Zainspirowana, zadałam sobie pytanie: „Co by się stało, gdybym zaczęła ich używać?". Nie minęły trzy tygodnie, gdy wciąż pracując z tymi narzędziami w praktyce, zorientowałam się, że zniknęła prawie połowa moich długów. Miałam tyle chorych punktów widzenia na temat pieniędzy, więc gdy zaczęłam tylko używać narzędzi Access Consciousness®, żeby je zmienić, pieniądze zaczęły napływać z przeróżnych źródeł. Niektóre pojawiły się poprzez mój biznes, niektórymi zostałam obdarowana, a jeszcze inne przyszły w zupełnie nieoczekiwany sposób, w zupełnie przypadkowych miejscach. Podsumowując, pieniądze nagle zaczęły pojawiać się w moim życiu.

Jednym z najbardziej szalonych punktów widzenia na temat pieniędzy, jaki zmieniłam dzięki narzędziom Access, dotyczył mojego ojca, którego uwielbiałam bezgranicznie. Pewnego dnia usłyszałam od niego: „Nie opuszczę tej planety, zanim nie upewnię się, ze wszysktie moje dzieci osiągnęły stabilność finansową".

Mój brat i siostra radzili sobie doskonale, a ja – tak jak wspomniałam wcześniej – miałam ogromne długi. W pewnym momencie, gdy pracowałam z jednym z narzędzi Access, doznałam olśnienia. Zobaczyłam, że kreuję ten finansowy bałagan, żeby utrzymać przy życiu mojego tatę! Powiedziałam mu o tym i po tej rozmowie wszystko w moim finansowym świecie zaczęło się zmieniać. Zmieniłam moje obłąkane punkty widzenia i zaczęły się pojawiać nieograniczone możliwości.

Generowanie pieniędzy: Zabawa, zabawa, zabawa

Nie każdy dostrzega zabawę w generowaniu pieniędzy. Niektórzy ludzie mają poczucie, że w ogóle nie potrafią tego robić. Martwią się o to, skąd mają pojawić się pieniądze, których potrzebują, lub trzymają się kurczowo tego, co mają. Utrata pieniędzy oznacza dla nich porażkę. W ich postawie jest coś takiego: „Nie mogę tego stracić, ponieważ zabrałoby mi wieki wygenerowanie tego jeszcze raz – więc nie mogę, porażka nie wchodzi w grę". Są tak zajęci trzymaniem się tego, co już mają, że nie mogą otrzymać niczego więcej.

Są jeszcze tacy, którzy zawsze usiłują wymyślać, jak *zdobyć* pieniądze. Mówią: „Zamierzam zrobić to, to i to. Ile mi za to zapłacisz?". Ludziom, którzy próbują rozgryźć, jak robić pieniądze, niekoniecznie się to udaje. Pieniądze ukazują się tym, którzy generują dla samej radości robienia tego.

Wszędzie tam, gdzie szukałeś i wciąż szukasz pieniędzy, żeby móc kreować radość, zamiast po prostu być radosnym i patrzeć jak się pojawiają, prawda, czy teraz to zniszczysz i odkreujesz, razy sam Bóg wie, ile razy? Zgoda niezgoda, dobrze źle, POD i POC, wszystkie dziewięć, w skrócie, ponad, nuklearne sfery.

Pieniądze podążają za radością.
Radość nie podąża za pieniędzmi.

Czy chcesz być postrzegany jako bogaty i odnoszący sukcesy?

Niedawno doświadczyłam bycia bogatą w oczach mojej sześcioletniej siostrzenicy. Jej marzeniem był iPod, więc postanowiłam go dla niej kupić. Gdy pewnego dnia bawiła się nim siedząc na podłodze, westchnęła i powiedziała do mnie:

– Ciociu Simone, tak się cieszę, że jesteś bogata – i wymieniła wszystkie rzeczy, które kiedykolwiek jej kupiłam.

Byłam szczęśliwa, że to doceniła. Bycie bogatym jest dla niej czymś bardzo dobrym. Czym jest dla ciebie? Jak reagujesz, gdy ktoś pomyśli, że masz dużo pieniędzy? Ja mówię sobie: „To wspaniale, przyjmuję osąd, że mam dużo pieniędzy". Im bardziej będziesz oceniany za posiadanie pieniędzy, tym więcej będzie ich się pojawiać w twoim życiu.

Zauważyłeś pewnie, w jaki sposób ludzie osądzają cię lub narzucają na ciebie swoje projekcje, opierając się na tym, jakim jeździsz samochodem, jakie nosisz ubrania, czy i jaką nosisz biżuterię?

Na początku działalności Good Vibes for You, jeździłam starym vanem marki Toyota. Miałam świadomość tego, jak osądzali mnie ludzie, według których w biznesie radziłam sobie dość dobrze, choć nie był to mój spektakularny sukces. Uważali, że moje życie jest jak wycieczka i wcale nie muszę być kierowcą, żeby kreować więcej sukcesu – i było w tym trochę prawdy. Wkrótce potem pojawił się w firmie van w nowszej wersji, przepięknie ozdobniony grafiką, która zawierała nasze logo i inspirujące napisy. Zadziwiające było to, jak zmieniły się osądy ludzi na mój temat. Dzieciaki machały do mnie, gdy przejeżdżałam, a w korkach ludzie puszczali mnie, bym jechała przodem. Jak by na to nie patrzeć, był to przecież van Good Vibes for You.

Pewnego dnia, gdy zajmowałam się już Access przez jakiś czas, kupiłam kabrioleta BMW. Moja rodzina nie zaprzątała sobie głowy, czym jest Access Consciousness®, aż do tego momentu. Od dnia, gdy pierwszego dnia Świąt Bożego Narodzenia podjechałam pod dom moim nowym samochodem, prawie każdy członek mojej rodziny zasypywał mnie pytaniami, czym dokładnie jest Access Consciousness® i czym tak naprawdę się zajmuję. Wraz z moim kabrioletem marki BMW, wykreowałam osąd „sukcesu" i od tej pory ludzie chcieli wiedzieć, co robię.

„O! Musisz być bogata!"

Pewna bizneswoman z Korei, opowiedziała mi, że mieszka wraz z mężem w bardzo zamożnej dzielnicy w Seulu i kiedy Koreańczycy pytają ją o miejsce zamieszkania, nie chce się do tego przyznawać. Nie chce słyszeć, jak mówią: „O! Musisz być bogata!", więc odpowiada, że mieszka w zupełnie innej części miasta. Poradziłam jej, żeby zaczęła się tym bawić: „Dalej, śmiało! Mów ludziom gdzie mieszkasz, a gdy będą komentować: 'O! Musisz być bogata!', uśmiechaj się i mów: 'Tak, uwielbiam tam mieszkać. Mamy tak dużo przestrzeni'. I patrz, co się będzie działo."

Inna znajoma z Emmundi, małego miasta w Queensland w Australii, świetnie potrafi bawić się osądami na temat bogactwa i zarabiania dużych pieniędzy. Powiedziała mi, że co drugi lub trzeci dzień, bierze z firmy gotówkę i zanosi ją do banku. Kobieta, która pracuje w banku zakłada, że deponowane pieniądze to zarobek z jednego dnia i mówi: „Wow! Miałaś dzisiaj dobry dzień, mam rację?". Znajoma uśmiecha się zawsze, mówiąc: „Tak, to prawda!" i otrzymuje osąd, że zarobiła dużo pieniędzy.

Jak bardzo różni się od tego punktu widzenia idea, że powinieneś mieć tak mało pieniędzy, jak wszyscy inni? Na pewno słyszałeś już rozmowy w stylu: „Wow, twoje biuro jest takie duże i piękne" – mówi jedna osoba, na co pada odpowiedź: „Och! Powinieneś zobaczyć jaki czynsz płaci się za to miejsce. I jaką niebotyczną kwotę ubezpieczenia! No ale muszę mieć jakieś miłe miejsce na spotkania z moimi klientami".

A gdyby ten ktoś odpowiedział po prostu: „Tak, uwielbiam tu pracować. Jest wspaniałe, prawda? Co jeszcze jest możliwe?".

Czy znasz takich ludzi, którzy uwielbiają żyć w totalnym ubóstwie? Słyszę czasami, jak opowiadają sobie, jak bardzo są biedni, przebijając się nawzajem opowieściami, kto jest w gorszej kondycji. Rzadko usłyszysz, by ktoś mówił: „Mam całe mnóstwo pieniędzy! Jest super i czuję się świetnie! Właśnie wracam z fantastycznych wakacji". Nikt tak nie mówi. Zamiast tego ludzie dostrajają się do tego, czym są i co robią inni. Czy nadszedł już czas, żeby to zmienić? Czy jesteś gotowy stać się kimś innym? Czy chcesz mieć całe góry pieniędzy?

Czy jesteś gotowy otrzymać każdy osąd o tym, że masz bardzo dużo pieniędzy? Wszędzie tam, gdzie nie chciałeś otrzymać osądu na temat tego, jak bardzo jesteś bogaty i jak dużo masz pieniędzy, prawda, czy teraz zniszczysz i odkreujesz, razy sam Bóg wie, ile razy? Zgoda niezgoda, dobrze źle, POD i POC, wszystkie dziewięć, w skrócie, ponad, nuklearne sfery.

> **Ludzie osądzą cię tak czy inaczej.
> Dlaczego więc nie kreować osądu, że jesteś
> zamożny i odnosisz sukcesy?**

To nie chodzi o pieniądze

Kiedy rozpoczynałam przygodę z Good Vibes for You, zwykłam mówić: „W biznesie nie chodzi o pieniądze. Chodzi o radość biznesu". Do pewnego stopnia było to prawdą, ale pewnego dnia przyjrzałam się temu trochę głębiej i zauważyłam energię, którą kreowałam mówiąc: „To nie chodzi o pieniądze". Zdałam sobie sprawę, że przyłapałam się na dezycji dotyczącej robienia pieniędzy. Zobaczyłam, że jeśli utrzymam taki kierunek, nie będę otrzymywać ich zbyt wiele.

Miałam świadomość, że używałam stwierdzeń w stylu: „To nie chodzi o pieniądze", żeby się schować. To był sposób zachowania „bezpieczeństwa". Nie chciałam być jak najwyższy mak. Gdy miałam już tego świadomość, zadałam pytanie: „A jeśli tutaj również chodzi o robienie pieniędzy?". Zaczęłam pytać: „Jak by to było, gdybym zarabiała mnóstwo pieniędzy *oraz* miała radość z mojego biznesu?".

W tych pierwszych dniach Good Vibes for You, mój brak otrzymywania objawił się podczas sprzedawania koszulek. Gdy tylko ktoś mówił: „Uwielbiam twoje T-shirty", było po mnie.

To był mój priorytet. Osoba pytała, czy może kupić jedną z koszulek, a ja odpowiadałam: „Pewnie, co powiesz na rabat? Możesz mieć dwie w cenie jednej!". Chciałam im to dawać, ponieważ „w biznesie nie chodzi o pieniądze – chodzi o jego kreatywną stronę". Po tym, jak popracowałam nad moją umiejętnością otrzymywania i poszerzyłam swoją świadomość, dotarłam do punktu, w którym potrafiłam powiedzieć: „O! Potrafię teraz otrzymywać pieniądze! Chcesz koszulkę? Proszę, 35 $".

Spójrz na priorytety dla twojego biznesu lub projektu, nie ważne czym są, a potem zapytaj:

* *Jak by to było, gdybym chciała także otrzymywać pieniądze?*
* *Jak by to było, gdybym poprosiła o ukazanie się pieniędzy i jednocześnie zachowała swoje priorytety?*

Możesz również rozwijać swoją umiejętność otrzymywania pieniędzy poprzez pytanie:

* *Co musi się wydarzyć, żeby mogły ukazać się pieniądze?*

Wszędzie tam, gdzie nie byłam dzisiaj zaproszeniem dla pieniędzy, niszczę i odkreuję, razy sam Bóg wie, ile razy. Zgoda niezgoda, dobrze źle, POC i POD, wszystkie dziewięć, w skrócie, ponad, nuklearne sfery.

Czego pragniesz dzisiaj zażądać?

Mam w Australii wspaniałą księgową. Pewnego dnia zapytała mnie o to, czego pragnęłabym zażądać w kwestii pieniędzy, jakie chciałabym osobiście otrzymywać od Good Vibes for You. Spojrzałam na nią i zapytałam:

– Nie mogę tak sobie zażądać, bo mamy te wszystkie rachunki.

– Firma Good Vibes for You naprawdę potrafi otrzymywać rachunki i chciałabym, by udowoniła mi, że nie mam racji – odpowiedziała. – Jakiej kwoty chciałabyś zażądać osobiście od Good Vibes for You?

Poczułam zdenerwowanie i zaczęłam tłumaczyć:

– Mamy rachunki. Mamy długi. Są inwestorzy. Są ludzie, którym musimy zapłacić w pierwszej kolejności.

Spojrzała na mnie i jeszcze raz spytała:

– Czego zamierzasz zażądać od twojego biznesu?

W pewnym momencie pojęłam, o co jej chodzi.

– Cholera! Masz rację – powiedziałam i wymieniłam kwotę, jaką chciałam otrzymywać co miesiąc od mojej firmy.

Jeśli nie jesteś gotowy zażądać od twojego biznesu tego, czego od niego chcesz, szybko odkryjesz, że będzie przynosił jedynie rachunki. Musisz nauczyć się widzieć wartość w *sobie* i dostrzegać wkład, jakim jesteś dla swojego biznesu.

Możesz wykonać takie ćwiczenie. Ćwicz wypowiadanie następującego zdania:

- *Czy mogę dostać teraz moje pieniądze, proszę?*

Powtórz to dziesięć albo więcej i więcej razy!

- *Czy mogę dostać teraz moje pieniądze, proszę?*
- *Czy mogę dostać teraz moje pieniądze, proszę?*
- *Czy mogę dostać teraz moje pieniądze, proszę?*
- *Czy mogę dostać teraz moje pieniądze, proszę?*
- *Czy mogę dostać teraz moje pieniądze, proszę?*
- *Czy mogę dostać teraz moje pieniądze, proszę?*

* *Czy mogę dostać teraz moje pieniądze, proszę?*
* *Czy mogę dostać teraz moje pieniądze, proszę?*

Gdy będziesz wypowiadać tę prośbę, zauważ, czy rzeczy robią się lżejsze i rzeczywiście zaczynasz otrzymywać więcej pieniędzy, więcej biznesu i więcej radości.

Ile kosztują twoje produkty lub usługi?

W czasach, kiedy importowałam półszlachetne kamienie z Indii, sprzedawałam kwarc różowy, który nazywano kamieniem miłości i był on wtedy bardzo popularny. Trafiałam prosto do źródła, eliminując pośredników i marża na tych kamieniach była niewiarygodna. Kupowałam je po 15 dolarów za sztukę i sprzedawałam za 130. Często były to kamienie osadzone w srebrze, które kupowałam w Rajasthan, gdzie można było znaleźć przepiękne okazy rękodzieła. To pozwalało mi jeszcze bardziej windować cenę.

Był taki moment, kiedy dokonałam ciekawego odkrycia. Postanowiłam pozbyć się biżuterii, którą miałam na stanie, więc drastycznie obniżyłam ceny. Dzięki bardzo niskim cenom, w jakich kupowałam towar, mogłam sobie na to pozwolić. Na pierścionkach, które kupowałam za 15 $, umieszczałam cenę 25 $. Byłam przekonana, że uda mi się je szybciej sprzedać. Odkryłam jednak coś, czego zupełnie się nie spodziewałam. Nikt nie był zainteresowany kupnem. Ludzie wychodzili z założenia, że były to tylko tanie świecidełka. Gdy jednak umieszczałam na danym przedmiocie etykietę z napisem informującym o oryginalnej cenie 130 $ i cenie wyprzedażowej 80 $ – wtedy zawsze znajdował się kupiec, który myślał: „Wow, to świetna cena za taki wspaniały pierścionek!". Nauczyłam się, że poprzez cenę, jaką nadawałam moim produktom, wpływam na to, co ludzie o nich myślą. Przy niskich cenach uważali, że produkty muszą być tandetne lub uszkodzone; przy wyższych dochodzili do wniosku, że robią świetny interes.

Cena, jakiej żądasz od ludzi, wpływa na to, w jaki sposób postrzegają oni twój produkt lub usługę. Co to oznacza? Znaczy to, że określając ceny swoich produktów lub usług, powienieś znaleźć te, z którymi czujesz się komfortowo – i potem zażądać więcej! Twoi klienci będą jeszcze bardziej wdzięczni za ciebie i twoje produkty.

Jakie pieniądze jesteś gotowy otrzymać?

Niedawno, przyjaciółka, która jest kosmetyczką, zrobiła mi zabieg na twarz. Gdy skończyła, zapytałam ją, ile płacę. Spuściła głowę, poprzerzucała trochę papierów i wymamrotała:

– 95 $.

– Co to jest? – spytałam.

– Co? – odpowiedziała pytaniem.

– Co to za energia przy tym 95 $? – wyjaśniłam.

– A, to! – powiedziała. – Nienawidzę prosić znajomych o pieniądze.

– Ile jestem ci winna? – spytałam ponownie.

Jeszcze raz spuściła głowę i powiedziała:

– 95 $.

– Ile płacę? – nie dawałam za wygraną.

W końcu spojrzała mi w oczy i powiedziała wyraźnie:

– 95 $.

A ja dałam jej 120 $.

Musisz nauczyć się prosić ludzi o pieniądze! Ile jesteś gotowy otrzymać za godzinę twojej pracy? 50 $, 100 $, 1,000 $, 10,000 $,

20,000 $? Jeśli pracujesz z ludźmi na godziny i płacą ci za godzinę, zapytaj:

+ *Z jaką kwotą czuję się komfortowo?*

Jeśli czujesz się wygodnie wyceniając godzinę twojej pracy na 80 $, ustal cenę 100 $. Pomyśl o kwocie, z jaką czujesz się komfortowo i powiększ ją. Niech będzie ona wynagrodzeniem za to, kim i czym jesteś. Nie chodzi o to, ile jesteś wart – twoja wartość znacznie przekracza jakąkolwiek cenę za twoje usługi, którą kiedykolwiek ustaliłeś. To po prostu pieniądze. Zabaw się tym.

Domyślam się, że sam ten pomysł sprawia, że czujesz dyskomfort, więc powiem to jeszcze raz. Kiedy ustalasz cenę za cokolwiek, bądź świadomy tego, czy jesteś w swojej strefie komfortu. Sprawdź, czy ustalona kwota sprawia, że czujesz się niewygodnie? Czy współgra ona z energią przestrzeni, w jakiej funkcjonujesz? Ile musiałbyś zarabiać na godzinę, żeby było to dla ciebie zabawą? Co byłoby tutaj radością biznesu?

Zbyt mało pieniędzy? Zbyt dużo pieniędzy?

Pewna kobieta powiedziała mi jakiś czas temu, że przestała spotykać się z określonymi ludźmi, ponieważ zaczęli zarabiać za dużo pieniędzy.

Byłam zaszokowana. Spytałam ją, z jakiego powodu miałaby przestać widywać kogoś, kto zarabia za dużo pieniędzy. Czy taka decyzja może ograniczyć ilość pieniędzy, jaką chciałbyś otrzymywać w swoim biznesie i w życiu? Tak!

Czy są tacy ludzie, których uznałeś, że nie chcesz mieć w swojej rzeczywistości i w twoim wszechświecie, ponieważ zarabiają za mało lub za dużo pieniędzy? Co powoduje u ciebie większy dyskomfort

– *za mało czy za dużo?* To wszystko jest osądem. Pozwalając sobie reagować odruchowo w taki sposób, zabierasz swojemu wszechświatowi możliwość ekspansji i otrzymywania wsparcia.

Czy zatrzymujesz siebie?

Czasami ludzie mówią mi, że mają genialny pomysł na biznes, ale nie mogą go uruchomić, bo nie mają pieniądzy. Albo nie wybierają robienia biznesu, który wymaga jakiegoś kapitału, bo postrzegają to jako niepotrzebne zwiększenie kosztów na początku działalności. Pozwalają wtedy, by idea „braku pieniędzy" zatrzymywała ich. Czy też tak robisz? A gdybyś zechciał funkcjonować opierając się na idei, że pieniądze ukażą się, kiedy będziesz ich potrzebował? Jak by to było, gdybyś nie pozwolił, by zatrzymała cię idea „braku pieniędzy" i zamiast mówić: „Och, nie możemy tego zrobić, ponieważ nie mamy pieniędzy", zapytał: „Jakie są tego możliwości, żeby wygenerować wszystko, czego praniemy i potrzebujemy?".

Czy naprawdę wybierasz homara?

Jeśli jest coś, czego naprawdę w życiu pragniesz, zanurz się w tym. Jeśli myślisz, że chcesz mieć z kimś relację, bądź w relacji z tą osobą. Jeśli masz ochotę na homara, wybierz homara. Bądź świadom, że zawsze, gdy zaglądasz do menu w drogiej restauracji i myślisz sobie: „Chciałbym zjeść homara, ale nie stać mnie na to, więc wezmę sałatkę z kurczakiem", właśnie powiedziałeś *nie* otrzymywaniu i zdecydowałeś być *antyzaproszeniem* dla pieniędzy w twoim życiu. Czy wybierasz wypraszanie pieniędzy z twojego życia? Jeśli tak, oto proces, który możesz robić codziennie, pod koniec dnia:

Niszczę i odkreuję wszystko, wszędzie tam, gdzie wyprosiłem pieniądze z mojego życia. Zgoda niezgoda, dobrze źle, POD i POC, wszystkie dziewięć, w skrócie, ponad, nuklearne sfery.

Czy ty, jako nieograniczone istnienie, potrzebujesz pieniędzy?

Czasami ludzie mówią: „Pieniądze nie są dla mnie ważne". Odpowiadam wtedy: „Zgadza się. Prawda jest taka, że gdyby były dla ciebie ważne, miałbyś ich całą furmankę". Potem zadaję pytanie: „Czy potrzebujesz pieniędzy dla siebie, czy dla swojego ciała?".

Ty, jako istnienie, nie potrzebujesz pieniędzy. Jednak potrzebujesz ich dla swojego ciała – na ubrania, które nosisz, na łóżko, w którym śpisz i na miejsce w pierwszej klasie w samolocie, którym podróżujesz. Czy przypadkiem nie ignorujesz tego, czego chciałoby twoje ciało? Może nadszedł czas, żeby mieć dla niego więcej życzliwości? Jak by to było, gdybyś uwzględnił swoje ciało w swoich biznesowych wyliczeniach? Jakie pieniądze twoje ciało chciałoby kreować i generować?

Czy zauważyłeś pewne podniecenie w twoim ciele, kiedy czytałeś ostatnie dwa pytania? Może zechcesz wypróbować następujący proces:

Jaką energią, przestrzenią i świadomością możemy się moje ciało i ja stać, co pozwoliłoby nam mieć nasze własne pieniądze? Wszystko, co nie pozwala, by się to ukazało, niszczę i odkreuję, razy sam Bóg wie, ile razy. Zgoda niezgoda, dobrze źle, POC i POD, wszystkie dziewięć, w skrócie, ponad, nuklearne sfery.

Gdy robiłam ten proces po raz pierwszy, zauważyłam niezwykle interesującą zmianę. Nie jestem najbardziej uporządkowaną osobą na świecie. Kiedy podróżuję, zdarza się, że podczas rejestrowania się w hotelu, moja walizka eksploduje i wszystkie rzeczy lądują porozrzucane na podłodze. Zaraz potem, jak wypróbowałam ten proces, organizowaliśmy klasę Access Consciousness® we Włoszech i wszystko się zmieniło. Zamiast rozrzucania rzeczy po całym pokoju, kładłam wszystko na miejsce. Wszystko było poukładane. Łazienka była uporządkowana. Moje ubrania leżały w szafie. Moje dokumenty były na biurku. Udało mi się sprawić, że moje otoczenie było przyjemnie estetyczne. Nie chciało mi się tego robić wcześniej. Wszystko zaczęło się od poproszenia o swoje własne pieniądze dla mnie i mojego ciała. Przedtem moje ciało nie było uwzględniane w obliczeniach. Teraz jest.

Rozprzestrzeń się teraz na cały wszechświat. Sięgnij tych miejsc, do których nie chciałeś dotrzeć, żeby mieć dostęp do wszystkich pieniędzy i wszystkich biznesów, które są dostępne. Poszerzaj się, ponad czasem, wymiarami, rzeczywistością i materią. Poszerzaj się ponad wyobrażeniami, ponieważ wyobraźnia jest ograniczona. Zna tylko to, co już robiłeś. Poszerz się ponad twój logiczny umysł i sięgnij wszędzie tam, gdzie do tej pory nie chciałeś sięgnąć, aby mieć dostęp do wszystkich pieniędzy, jakie są teraz dostępne. Wszystko, co nie pozwala ci mieć do tego dostępu, czy teraz to zniszczysz i odkreujesz, razy sam Bóg wie, ile razy? Zgoda niezgoda, dobrze źle, POC i POD, wszystkie dziewięć, w skrócie, ponad, nuklearne sfery.

Rozdział 12

ZAPRASZANIE PIENIĘDZY DO SWOJEGO ŻYCIA

Czy chciałbyś mieć w swoim życiu więcej pieniędzy? Znajdziesz tutaj wiele narzędzi, które możesz używać, żeby zaprosić więcej pieniędzy do swojego biznesu i do swojego życia.

Co jeszcze jest możliwe?
Jak może być jeszcze lepiej?

Już mówiłam o używaniu tych pytań. Są one jednak tak ważne i tak przydatne do tego, by otrzymywać i mieć pieniądze, że chcę przytoczyć je także w tym miejscu.

Za każdym razem, gdy otrzymasz pieniądze, pytaj:

- *Co jeszcze jest możliwe?*
- *Jak może być jeszcze lepiej?*

Za każdym razem, kiedy płacisz rachunek, pytaj:

- *Co jeszcze jest możliwe?*
- *Jak może być jeszcze lepiej?*

Kiedy płacisz rachunek za energię elektryczną, bądź wdzięczny. Masz światło, możesz podłączyć do prądu swój komputer, możesz odebrać telefon. Bądź wdzięczny za to, co masz, ponieważ jeśli nie jesteś wdzięczny za to, co masz, nie możesz otrzymywać pieniędzy. Na przykład, wyobraź sobie, że właśnie zarobiłeś 20 $. Mógłbyś powiedzieć: „To marne grosze. Powinienem był zarobić 120 $".

Nie patrz na to, czego *nie zarobiłeś*. Patrz na to, co *zarobiłeś* i bądź za to wdzięczny, a potem zadawaj pytania. Nie mów: „Och, to za mało!". Zamiast tego, powiedz: „Wow, jakie szczęście mnie spotkało, że mam te 20 $? Co jeszcze jest możliwe?"

Jakie są tego możliwości, żeby ta suma pieniędzy wróciła do mnie dziesięciokrotnie?

Kiedy płacisz rachunek, również zapytaj:

- *Jakie są tego możliwości, żeby ta suma pieniędzy wróciła do mnie dziesięciokrotnie?*

Co takiego kocham w nie posiadaniu pieniędzy?

Często spotykam ludzi narzekających na brak pieniędzy. Jak bardzo by się nie starali, nigdy nie mają ich pod dostatkiem. Tak naprawdę, kreują oni życie w oparciu o „brak pieniędzy", zamiast o to, co daje im radość lub pasuje do energii życia, jakie pragnęliby mieć. Czy używałeś kiedyś „braku pieniędzy", żeby kreować życie i sposób na życie? Jeśli zorientujesz się, że masz „brak pieniędzy", czy to dlatego, że jest coś, co uznałeś za bardziej wartościowe w braku pieniędzy niż w ich posiadaniu? Czy chciałbyś to zmienić? Zadaj pytanie:

- *Co takiego kocham w nie posiadaniu pieniędzy?*

Na początku zadawanie tego pytania może sprawić, że poczujesz irytację i będziesz zastanawiać się, jaką wartość może mieć w ogóle takie pytanie. Możesz także poczuć się zdesperowany i pomyśleć: „Nie mam pojęcia!". Tak, czy inaczej, jeśli wciąż kreujesz coś, co nie działa, prawdopodobnie robisz to, ponieważ jest coś, co w tym kochasz. Jeżeli masz gotowość uświadomić sobie, jaką ma to dla ciebie wartość, możesz zmienić wszystko. Możesz być bardzo zdziwiony, że nie posiadanie pieniędzy w rzeczywistości pracuje dla ciebie w jakiś dziwny i niepożądany sposób. Dzięki temu możesz obrać zupełnie inny punkt widzenia na temat swojej sytuacji finansowej.

Jaka jest wartość nie odnoszenia sukcesów w biznesie?

Jak wcześniej już wspomniałam, tym, co nas zakleszcza, są nasze chore punkty widzenia. Jeśli twój biznes nie odnosi „sukcesów", możesz zmienić tego energię, poprzez zadanie pytania:

- *Jaka jest wartość nie odnoszenia sukcesów w biznesie?*

Jeśli jesteś gotowy otrzymać świadomość, możesz zmienić wszystko.

Radość biznesu

Gdyby pieniądze nie były problemem, co byś wybierał?

Nie pozwól, by kontrolę nad twoim życiem przejęły pieniądze lub ich brak. Jak by to było, gdybyś kreował swoją rzeczywistość w oparciu o to, co współgra z energią życia, jakie chciałbyś mieć?

Kiedy zaczynałam prowadzić klasy Access Consciousness®, usłyszałam o siedmiodniowych wydarzeniach odbywających się na Kostaryce. Naprawdę chciałam uczestniczyć w jednym z nich, ale Kostaryka znajduje się dość daleko od Australii, czyli po drugiej stronie świata. *Zdecydowałam, że Kostaryka była egzotycznym miejscem, do którego nam Australijczykom bardzo trudno się dostać.* Czułam bezsilność zastanawiając się, czy kiedykolwiek uda mi się tam pojechać. Wydawało mi się, że koszty także mnie przerastają. Poza tym, był to tak niecodzienny wybór. (Zwróciłeś uwagę na tę ogromną ilość zadanych przez mnie pytań? Ani jednego!)

Pewnego dnia, przeglądałam z przyjacielem zdjęcia, które zrobił podczas ostatniego siedmiodniowego wydarzenia na Kostaryce. Zauważył, że posmutniałam i zapytał:

– O co chodzi?

– Kiedy tak patrzę na te zdjęcia – zaczęłam – i jest tu takie jedno, które wyjątkowo mi się podoba, myślę sobie, że nigdy nie będę w stanie tam pojechać. Nigdy nie będzie mnie na to stać.

– Które zdjęcie tak ci się spodobało? – zapytał przyjaciel.

– To – pokazałam.

Zaśmiał się i wyjaśnił, że zdjęcie, które wskazałam zostało zrobione w Darling Harbour w Sydney, w Australii. Pomieszało się ze zdjęciami z Kostaryki.

– O! – wykrzyknęłam. – Tam mogę pojechać. To nic trudnego dostać się z Brisbane do Sydney!

Gdy tylko to powiedziałam, zobaczyłam w jaki sposób pozwalam, by moje decyzje i rozważania na temat *braku pieniędzy* kontrolowały moje życie. Szaleństwo podejmowania takich decyzji stało się dla mnie oczywiste. Pomyślałam: „A jeśli najzwyczajniej w świecie dokonałabym wyboru i zażądała, a pieniądze po prostu by się pojawiły?".

To działa dokładnie w taki sposób. Jeśli podążasz za energią tego, co pragniesz kreować i generować oraz jesteś gotowy otrzymać wszystko, pojawiają się pieniądze. Pytaj:

* *Gdyby pieniądze nie były problemem, co bym wybierał?*

Dziesięć procent jest dla CIEBIE

Jednym z narzędzi Access Consciousness®, na które najczęściej narzekają ludzie, a które tak wiele zmieniło dla mnie, jest odkładanie 10% swojego dochodu. Nie oznacza to odkładania na czarną godzinę, albo na moment, gdy pojawi się do spłaty jakiś ogromny rachunek, czy też świetny powód, żeby tę kwotę wydać. Odkładanie 10% twojego dochodu – i nie wydawanie tego – jest sposobem honorowania siebie. Robisz to, zanim zapłacisz jakiekolwiek rachunki, dokonasz spłat rat kredytowych i zanim pójdziesz na zakupy.

Kiedy odłożysz pieniądze dla siebie, mówisz wszechświatowi, że to ty masz wartość. Wszechświat jest jak bankiet – pragnie cię obdarowywać. Kiedy to robisz, zauważy to, o co prosisz. Podaruje ci jeszcze więcej pieniędzy. Jeśli jednak zaczniesz wydawać swoje 10%, mówisz przez to wszechświatowi, że nie masz wystarczająco, więc korzystasz z funduszy odłożonych na honorowanie siebie. I dokładnie to otrzymasz od wszechświata – mniej.

Słyszałam wiele razy, jak Gary i Dain wyjaśniali to narzędzie i myślałam sobie: „Tak, tak, znowu te 10%. Bla, bla, bla. Wkładanie do portfela pieniędzy, których nie możesz wydać ma niby sprawić, że będziesz bogaty... Akurat. Bla, bla, bla". Mając takie podejście, oczywiście nie odkładałam 10% moich zarobków.

I wtedy przyszedł taki dzień, że zadałam sobie pytanie: „Jaka najgorsza rzecz mogłaby się stać, gdybym to jednak zrobiła? Musiałabym wydać pieniądze, które odłożyłam. OK, czemu miałabym i tego nie spróbować?".

Spróbowałam więc i teraz uwielbiam to robić! Niektórzy trzymają swoje 10% w gotówce. Ja lubię je mieć na osobnym koncie bankowym. Uwielbiam przelewać pieniądze na to konto i patrzeć na rosnącą sumę. Kupiłam także dla siebie złoto, srebro i akcje i podoba mi się to. Właśnie dlatego je kupiłam.

Kiedy na twoim rachunku, na którym odkładasz 10%, znajdzie się określona kwota, zauważysz zmianę w sposobie odnoszenia się do pieniędzy i w intensywności przejmowania się nimi. Dla każdego ta kwota jest inna. Dla kogoś może mieć wartość równą sumie pieniędzy niezbędnych do życia przez trzy miesiące. Załóżmy, że jest to 4,000 dolarów miesięcznie. Kiedy osiągniesz 12,000 na swoim rachunku 10%, zaczynasz odczuwać lekkość w swoim wszechświecie. Gdzieś w środku po prostu wiesz, że wszystko będzie w porządku. Masz pokój z pieniędzmi. To właśnie ta część, dla której zaprojektowane zostało to narzędzie. Zabiera cię do miejsca, gdzie ty wiesz, że rzeczywiście *masz* pieniądze.

Czy zechcesz mieć pokój i spokój z pieniędzmi? Odkładaj 10% tego, co do ciebie przychodzi, jako wyraz honorowania siebie i pokazywania wszechświatowi, że masz pieniądze, że lubisz pieniądze, i że pragniesz mieć ich jeszcze więcej. Nie wydawaj twoich 10%. Zamiast tego, obserwuj jak rosną i ciesz się z tego, jak dużo pieniędzy *masz*!

I 10% dla twojego biznesu

Powinieneś także odkładać 10% tego, co przynosi ci twój biznes. To nie dla ciebie – to dla biznesu. My odkładamy 10% każdej sumy wpływającej do Good Vibes for You. To dla tej firmy. Robiąc to, honorujemy ten biznes.

Mógłbyś wymyślić milion usprawiedliwień tłumaczących dlaczego w twoim przypadku się to nie sprawdza. Ja jestem tu po to, żeby powiedzieć ci, że to działa. Twój biznes ma do wykonania pracę. Uhonoruj go i pokaż mu, że ma on swoją wartość poprzez odkładanie 10% z każdego dochodu. Rób to zanim jeszcze zapłacisz jakiekolwiek rachunki. Kiedy to robisz, zarówno ty, jak i twój biznes zaczynacie dokonywać wyborów opartych na tym, co zamierza być dla was ekspansją, zamiast na podejściu: „Jak zamierzamy zapłacić rachunki?". To powoduje bardzą dynamiczną zmianę biznesu i twoich przepływów pieniężnych. Wypróbuj to i zobacz, co się będzie u ciebie działo.

Rozdział 13

JAK RADZIĆ SOBIE Z FINANSAMI

Kilka praktycznych wskazówek

Lata temu mój Tata, który był wtedy księgowym, rozmawiał ze mną o tym, jak prowadzić księgi rachunkowe w mojej firmie. Tupałam nogami mówiąc:

– Nie chcę nic o tym wiedzieć! To nuda. Mam inne rzeczy do roboty.

Narysował kiedyś duży kołowy diagram, zawierający elementy, z jakich powienien składać się udany biznes. Sekcja poświęcona księgowości była dość duża. Powiedziałam wtedy:

– Nie chcę robić nic, co związane jest z księgowością. Ja narysowałabym ten diagram inaczej.

Diagram, który naszkicowałam przedstawiał generatywną, kreatywną stronę biznesu, z delikatną wzmianką o księgowości.

Spojrzał na mój graf i powiedział:

– Tak, ale jeśli nie wiesz nic o księgowości, twój biznes nie będzie istniał.

Zdawałam sobie sprawę, że miał rację. Nie możesz funkcjonować świadomie w swoim biznesie, jeśli nie rozumiesz rachunku zysków i strat, albo nie wiesz, ile pieniędzy znajduje się na twoim rachunku bankowym. Musisz mieć jakieś podstawowe praktyczne informacje o tym, jak wszystko działa od strony finansowej. Czy należysz do tych ludzi (tak jak kiedyś ja), którzy nie chcą nawet dotknąć podstaw firmowych finansów? Czy uważasz to za coś nudnego? Czy założyłeś, że jest to zbyt trudne, by się tego nauczyć? Czujesz, że ci się nie chce?

Czy jesteś gotowy rozważyć inny punkt widzenia? Podstawy prowadzenia biznesu mogą okazać się w rzeczy samej zabawne i kreatywne, szczególnie jeśli używasz pytań, żeby zdobyć informacje, których potrzebujesz. Oto kilka praktycznych pytań i narzędzi, które możesz użyć w praktyce, gdy zajmujesz się finansami, rozważasz ekspansję swojego biznesu, chcesz poczynić inwestycje i wprowadzić w życie nowe pomysły.

Funkcjonowanie ze świadomością finansową

Prowadząc swój biznes, nie musisz być dobry we wszystkim. Nie musisz też robić wszystkiego sam. Jednak dobrze by było, gdybyś wiedział, jakie pieniądze przyjdą do firmy z tytułu sprzedaży, a jakie z niej wyjdą w postaci kosztów. Musisz wiedzieć, jaki jest twój zysk na każdym z twoich produktów i jak wiele sztuk musisz sprzedać każdego dnia, każdego tygodnia i każdego miesiąca, żeby pokryć wszystkie swoje wydatki. To się nazywa „próg rentowności". Nie ma takiej konieczności, żebyś dochodził do tego zupełnie sam.

Wystarczy, byś miał tego świadomość. Jeśli rzeczy te nie będą ci znane, skończy się na tym, że zaczniesz niszczyć swój własny biznes.

Jakie są miesięczne koszty twojego biznesu?

Oto proste ćwiczenie, które pozwoli ci uzyskać świadomość tego, co jest niezbędne każdego miesiąca, by móc spokojnie prowadzić swój biznes:

1. Usiądź i spisz wszystkie biznesowe wydatki, jakie poniosłeś na przestrzeni ostatnich sześciu miesięcy (albo przez ostatni rok). W tym zawierać się będą czynsz, materiały biurowe, koszty Internetu, telefon, elektryczność, samochód – wszystkie pieniądze, jakie wyłożyłeś na potrzeby swojego biznesu. Możesz zapytać swojego księgowego o zestawienie zysków i strat.
2. Podziel tę kwotę na sześć (lub na dwanaście). To da ci pogląd na twoje miesięczne koszty.
3. Kiedy wiesz już, jaka jest kwota twoich miesięcznych kosztów, dodaj do niej 10% dla swojego biznesu.
4. Dodaj 10% tylko dla siebie.
5. Dodaj kolejne 20% na przeróżne inne rzeczy.
6. To powie ci, ile musisz zarobić w ciągu każdego miesiąca.
7. Na koniec, zażądaj o tę kwotę, bez względu na jej wysokość. Jeśli nie jesteś świadomy ile kosztuje prowadzenie swojego biznesu, zaczynasz go zabijać.

Na początku możesz powiedzieć: „Te finansowe sprawy są dla mnie zbyt skomplikowane!". Rzecz w tym, że jest to zupełnie nowy język, którego musisz się nauczyć. Jak by to było, gdybyś otworzył się na naukę języka pieniędzy?

Czy ktoś już doradził ci, żeby zmiejszyć koszty?

Jedną z pierwszych rzeczy, jaką doradzi ci księgowy operujący w kontekstowej rzeczywistości, będzie obcięcie kosztów. Zgadzam się z tym, że przyjrzenie się kosztom może być wspaniałym sposobem na zwiększenie świadomości finansowej strony twojego biznesu. Może na początek dobrze jest spytać, czy musisz koniecznie zaczynać swój biznes od targów. Ale sama próba redukcji kosztów zawsze sprawiała, że czułam ciężar. Nie ma to nic wspólnego ani z rozwojem, ani z generowaniem. „Jak zmiejszyć koszty w naszym biznesie?" jest ograniczającym pytaniem, opartym na decyzji, że zmniejszenie kosztów jest konieczne. Zadawanie bardziej otwartych i nieograniczonych pytań będzie prawdopodobnie dużo bardziej przydatne. Popatrz na to, co możesz dodać, co zwiększyć i co poszerzyć, używając pytań takich, jak te:

- *Jak mogę zwiększyć przypływ pieniędzy do mojego biznesu? (Czy widzisz, jak bardzo różni się to od skupiania się na tym, co należy usunąć z twojego biznesu?)*
- *Czy jest cokolwiek, co mogę tutaj zmienić?*
- *Czego wymaga ode mnie zwiększenie moich przychodów?*
- *Co jeszcze mogę dodać do mojego biznesu?*
- *Co mogę dodać do usług, które oferuję?*
- *Jak wiele źródeł dochodu mogę wykreować z moim biznesem?*
- *Jaką magię mogę zaprosić dzisiaj do mojego biznesu?*

Poproś wszechświat o wsparcie

Namawiam cię także, byś poprosił wszechświat o wsparcie. Użyj procesu z energią, przestrzenią i świadomością, który podawałam już wcześniej:

Jaką energią, przestrzenią i świadomością możemy być mój biznes i ja, co pozwoli nam zatrudnić wszechświat na całą wieczność? Wszystko, co nie pozwala, by się to ukazało, niszczę i odkreuję, razy sam Bóg wie, ile razy. Zgoda niezgoda, dobrze źle, POC i POD, wszystkie dziewięć, w skrócie, ponad, nuklearne sfery.

Czy naprawdę za dużo wydajesz na marketing?

Jeśli twój księgowy doradza ci zmniejszać koszty, może powiedzieć ci coś takiego: „Wydajesz za dużo na marketing i reklamę. Te kwoty nie współgrają ze sprzedażą".

Zanim przystaniesz na takie stanowisko lub zgodzisz się z nim, przyjrzyj się temu.

Powiedzmy, że w tym miesiącu wydałeś 15,000 $ na marketing. Na co przeznaczyłeś te pieniądze? Na coś, co wygeneruje przyszłe możliwości w nadchodzących sześciu lub dwunastu miesiącach? Czy na jakiś bieżący wydatek? Załóżmy, że wziąłeś udział w targach i kosztowało cię to 6,000 $. Sprzedaż bezpośrednia przyniosła 4,500 $. Mógłbyś więc spojrzeć na to i powiedzieć: „Strata wyniosła 1,500 $". Tylko, czy to naprawdę była strata? Nie osądzaj tego aż tak surowo. Wszechświat otwiera przed tobą drzwi. Gdy tylko zaczynasz: „Coś jest nie tak" albo: „Właśnie straciłem pieniądze", zamykasz sobie dostęp do przyszłych możliwości i wsparcia.

Według mnie, nie chodzi o kalibrowanie sukcesu w oparciu o którąkolwiek kolumnę arkusza rozliczeniowego. Może ktoś podczas targów chwycił twoją ulotkę i postanowił do ciebie zadzwonić, po czym nie dzwonił przez kolejne sześć miesięcy. Może zadzwoni do ciebie za rok? Nigdy nie wiesz, co może się wydarzyć! Pytaj:

- *Czy był to wydatek na teraz, czy na przyszłość – czy tu i tu?*
- *Czy pojawienie się na targach wygeneruje przyszłe możliwości?*
- *Czy ten wydatek przyniesie pieniądze dla mojego biznesu?*
- *Czy jest to dla mnie lekkością? (Pamiętaj, prawda zawsze sprawi, że poczujesz lekkość, podczas gdy kłamstwo zawsze odczujesz jako ciężar.)*

Jakie mógłbyś zadawać pytania?

We wszystkim chodzi o pytania i świadomość tego, co kreujesz i generujesz. Jakie więc pytania mógłbyś zadawać dzisiaj, żeby zwiększyć możliwości dla swojego życia, rzeczywistości i biznesu?

Czy zechciałbyś zniszczyć i odkreować wszystko, wszędzie tam, gdzie zamknąłeś drzwi prowadzące do przyszłych możliwości, uśmiercając je? Wszystko, co się pod tym kryje, czy teraz zniszczysz i odkreujesz, razy sam Bóg wie, ile razy? Zgoda, niezgoda, dobrze źle, POC i POD, wszystkie dziewięć, w skrócie, ponad, nuklearne sfery.

Czy rozważasz dokonanie jakiejś inwestycji?

Czy odczuwasz niepewność zastanawiając się nad poczynieniem intestycji w twoim biznesie? Kiedykolwiek będziesz rozważał zakup lub podjęcie jakiegoś działania, mające na celu poszerzenie twojego biznesu, kluczowe pytanie brzmi:

- *Jeśli to kupię, czy przyniesie nam to pieniądze teraz i w przyszłości?*

Kiedy zadajesz to pytanie, odpowiedzią może być „teraz" albo „w przyszłości", ale możesz też usłyszeć: „Tak, to przyniesie nam pieniądze teraz i w przyszłości". Cokolwiek się ukaże, będziesz mieć większą świadomość, czego potrzebuje twój biznes. Jeśli ustalasz systemy, procedury lub cokolwiek innego, na teraz *oraz* na przyszłość, przyszłość okaże się dużo łatwiejsza, ponieważ w ten sposób poszerzasz swój biznes, wraz z przepływami pieniężnymi, które będą się pojawiać.

Księga Możliwości

Jeśli jesteś trochę podobny do mnie, pewnie zawsze masz miliony nowych biznesowych pomysłów i czasami możesz nawet nie wiedzieć, za którymi podążyć lub kiedy to zrobić. Czy powienieneś realizować je już teraz czy czekać? Gary Douglas zawsze doradzał, by założyć mały notes i zapisywać wszystkie pomysły związane z biznesem, które do ciebie przychodzą. Nazywa to Księgą Możliwości. Każdemu zamieszczonemu tam pomysłowi zadaje później pytanie:

- *Prawda, czy to jest na teraz czy na przyszłość?*

Podążając za energią świadomości, będziesz wiedział, czy nadszedł już czas na realizację któregoś z pomysłów, czy też zachować go na przyszłość.

Może jest to świetna idea, ale jeszcze nie nadszedł czas, żeby wcielić ją w życie. Gdy masz tę jasność, możesz dalej zadawać pytania i czekać na właściwy moment. To także świetne pytanie, gdy pojawia się osoba, która ma pomysł na rozwój twojego biznesu, lub gdy rozważasz wprowadzanie nowych produktów albo usług. „Teraz, czy w przyszłości?" jest wtedy bardzo przydatnym pytaniem, ponieważ ludzie zabijają nowe pomysły, gdy nie widzą możliwości natychmiastowego ich zastosowania. Obiecaj mi proszę, że nie będziesz zabijać przyszłych możliwości! Oto kilka innych pytań, które możesz zadawać, żeby określić właściwy czas na wprowadzanie twoich pomysłów:

- *Pokaż mi, kiedy powinienem cię użyć.*
- *Pokaż mi, kiedy powienienem cię sprzedać.*
- *Pokaż mi, kiedy powinienem cię zaprezentować.*

Około trzy lata temu, zebraliśmy się z kilkoma osobami z Access Consciousness®, żeby porozmawiać o kreowaniu obozów dla dzieci. Pracowaliśmy z bardzo utalentowaną osobą, która miała doświadczenie w tej dziedzinie i wspólnie zgłębialiśmy ten temat. Zapoznaliśmy się ze wszystkimi kwestiami prawnymi, powstała wspaniała strona intrnetowa, mieliśmy piękne broszury reklamowe i kolejkę ludzi, którzy zamierzali objąć stanowiska nauczycieli podczas obozów. To wszystko było niesamowite, ale nie mieliśmy żadnych dzieci. To one były brakującym elementem. Kilka osób podsumowało nasze działania jako porażkę, ale chodziło o coś zupełnie innego. Pytanie, jakie należało zadać brzmiało: „Kiedy jest właściwy czas na obozy dla dzieci?". Dopiero teraz, trzy lata później, pojawiła się możliwość, by projekt ten mógł zostać zrealizowany. Możemy użyć wszystkich wspaniałych materiałów, które wspólnie zebraliśmy, ponieważ to teraz jest właściwy czas. Nie zabijaj swojego projektu. Może po prostu nie nadszedł jeszcze czas, by wcielić go w życie. Używaj pytań, żeby wiedzieć, kiedy powrócić do swoich pomysłów.

Niczego nie musisz unikać.
Ze świadomością, masz możliwość zmiany wszystkiego i czegokolwiek.

Rozdział 14

ŁĄCZNICY, WYKONAWCY, KREATORZY I STWÓRCY

Kiedy wybierasz partnerów biznesowych, wykonawców, pracowników i kogokolwiek innego, by pracował z tobą w twoim biznesie, dobrze jest wiedzieć, że ludzi można podzielić na: łączników, wykonawców, kreatorów i stwórców. Jeśli wiesz, którym z tych czterech typów jesteś, będzie ci dużo łatwiej wybierać to, czym będziesz się zajmował w twoim biznesie, oraz znajdować właściwych ludzi, by wspierali cię w innych obszarach.

Łącznicy są ludźmi, którzy uwielbiają ze wszystkimi rozmawiać. Ich specjalnością jest kreowanie połączeń. Ich największym talentem i zdolnością jest to, że dokładnie wiedzą z kim rozmawiać, kiedy rozmawiać i co powiedzieć. Łącznicy mają pięćdziesiąt milionów numerów telefonów w swojej książce adresowej i kiedykolwiek czegoś potrzebują, mówią tylko: „Wiem, do kogo zadzwonić". Można wymienić jakąkolwiek osobę z dowolnej branży, a łącznik zawsze powie: „Hej, to mój kumpel!".

Mówienie do ludzi to mocny kolor każdego łącznika. Dlatego to, o co go prosimy – to łączenie. Są oni genialnymi sprzedawcami i wspaniale radzą sobie przy telefonie. Łącznicy będą rozmawiać ze wszystkimi o wszystkim i są podstawą sukcesu twojego biznesu.

Czasami łącznik przychodzi do ciebie, płaci za twój produkt lub usługę, a potem opowiada wszystkim o tym, jaki jesteś cudowny. Nie musisz go nawet zatrudniać. On będzie chciał, by każdy dowiedział się o tobie. Z tego powodu, wielu łączników nie potrafi na tym zrobić pieniędzy. Oni po prostu kreują połączenia, bo to właśnie robią! Przypuśćmy, że jesteś fryzjerem i jeden z twoich klientów bez przerwy się tobą zachwyca, bez względu na to, dokąd się udaje – do supermarketu, na spotkanie rodzinne, czy na imprezę. Opowiada ludziom: „Musicie pójść do teje fryzjerki! Ona jest niesamowita!". To cały łącznik. Płaci pieniądze, żebyś ostrzygł mu włosy, po czym zajmuje się twoimi połączeniami. Łącznicy robią takie rzeczy z tej prostej przyczyny, że sprawia im to radość.

Wykonawcy są ludźmi, którzy wiedzą, jak prowadzić biznes. Są energiczni i ambitni i ponad wszystko, są futurystami. Oni doskonale wiedzą, co musi zaistnieć dzisiaj, żeby rozwinąć biznes jutro. Wykonawca patrzy na możliwości i pyta: „Co będzie wymagane w następnej kolejności?". Jeśli planujesz zjazd, imprezę, czy też klasę, wykonawca będzie tym, kto zarezerwuje pomieszczenie, zajmie się wydrukiem ulotek i upewni się, że dla wszystkich starczy krzesełek. Ich talentem i zdolnością jest dostrzeganie tego, co jest potrzebne, oraz dopilnowanie, żeby znalazło się to w odpowiednim miejscu i czasie. Oni zawsze wyprzedzają zdarzenia o dziesięć, dwadzieścia lub nawet pięćdziesiąt kroków.

Wykonawcy kreują przepływ i poczucie lekkości dla twojego biznesu i projektów. Wyobraź sobie, że wybierasz się na targi. Wykonawca będzie wiedział z dużym wyprzedzeniem, czego potrzeba, by przygotować stanowisko i wziąć udział w tym wydarzeniu. To kluczowa umiejętność. Oni zawsze są przed czasem. Biorąc udział w targach, nigdy nie usłyszysz od nich: „O nie! Zapomniałem o jednym produkcie!". Oni doskonale wiedzą, co jest niezbędne, już miesiąc lub dwa miesiące wcześniej, równie dobrze, jak tydzień tuż przed rozpoczęciem. Wydaje się, że potrafią czytać w myślach. Dobrzy wykonawcy są wciąż w pytaniu, co jest potrzebne na przyszłość. Potem meldują się i pytają: „Jak mija dzień?".

Kreatorzy zawsze poszukują możliwości. Są marzycielami i wizjonerami. To oni dają początek wszystkim pomysłom. Bezustannie podążają za energię tego, co chcieliby wygenerować w swoim życiu. Życie kreatora opiera się na pytaniach takich jak: „Jakie są tu możliwości?", „Jakich wyborów mogę tutaj dokonać?", „Jakim mogę być wkładem?". Największym talentem i zdolnością kreatora jest dostrzeganie tego, co jest możliwe w biznesie i w życiu. On jest jednym z tych, co zawsze mają w zanadrzu milion pomysłów. W ich przypadku, zapisywanie pomysłów w Księdze Możliwości jest bardzo efektywne.

Niedawno rozmawiałam z człowiekiem, który powiedział: „Czasami przychodzi do mnie pomysł na biznes. Widzę jego początek i jak mógłby wyglądać w przyszłości, gdy nagle pojawia się ta środkowa część, dotycząca tego, jak miałoby się to wydarzyć. Tego nie widzę. Uwielbiam nowe pomysły i przyszłościowe wizje, ale nie mam pojęcia jak wcielać je w życie".

To wspaniały przykład kreatora, który potrzebuje pomocy wykonawcy. Zapytałam go, jak by to było, gdyby zaprosił do swojego biznesu kogoś, kto wykonywałby te wszystkie rzeczy w środkowej części. Są przecież ludzie, którzy uwielbiają wprowadzać w życie wszystko, czego potrzeba, by biznes mógł zaistnieć. Po naszej rozmowie, mężczyzna skontaktował się z niezwykłym wykonawcą, który pomaga mu przy wcielaniu jego pomysłów i obenie jego nowy biznes jest na najlepszej drodze do sukcesu.

Stwórcy łączą w sobie wszystkie zdolności, jakimi cieszą się wykonawcy, łącznicy i kreatorzy razem wzięci. Mogliby działać zupełnie sami i pełnić wszystkie te role. Są wspaniałymi koordynatorami, ponieważ wiedzą, jak nawiązywać połączenia, jak wcielać pomysły w życie i jak je kreować. Widzą wszystkie aspekty biznesu i mają świadomość, co jest potrzebne w danej dziedzinie, przy czym są bardzo efektywni w pracy z innymi ludźmi, pilnując, by wszystkie niezbędne elementy udanego biznesu znalazły się na swoim miejscu.

Kim w twoim życiu są łącznicy, wykonawcy i kreatorzy?

Mam nadzieję, że czytając, dostrzegasz już ludzi, którzy pasują do podanych przez mnie opisów łączników, wykonawców i kreatorów. Mogłeś pomyśleć: „O! Tamta kobieta zawsze mówi o moich produktach, a ja jeszcze jej nie zatrudniłem". O! A jeśli łącznicy, wykonawcy i kreatorzy wcale nie muszą być przez ciebie zatrudniani? Jeśli są oni po prostu ludźmi, którzy wspierają twój biznes? Tym właśnie są! Jak by to było, gdybyś zechciał otrzymywać wsparcie łączników, wykonawców i kreatorów zewsząd, gdziekolwiek to możliwe?

Wszyscy są kluczowi dla twojego biznesu

Każdy z nich – łącznik, wykonawca oraz kreator – jest tak samo ważny. Żaden nie jest bardziej wartościowy lub lepszy od innych. Każdy jeden ma swoje talenty i umiejętności, których potrzeba do płynnego prowadzenia udanego biznesu, z lekkością i radością. Żaden z nich nie jest szczególny, a zarazem wszyscy tacy są. Jeśli brakuje ci kogoś z umiejętnościami silnego łącznika, wykonawcy albo kreatora, odczujesz brak pewnych elementów, których potrzeba, by osiągnąć sukces. (Nawiasem mówiąc, dotyczy to także relacji. Udany związek również wymaga partnerów, którzy wspólnie tworzą kombinację zdolności łączników, wykonawców i kreatorów.)

Którym z nich ty jesteś?

Jeśli chcesz mieć więcej jasności co do tego, czy jesteś łącznikiem, wykonawcą, kreatorem, czy może stwórcą, zadaj pytanie:

+ *Co lubię robić i kim być w biznesie?*

„Jestem tylko łącznikiem"

Powiedzmy, że odkryłeś w sobie zdolności łącznika. Może przyjść ci wtedy do głowy pytanie, które zadał sobie jeden z moich przyjaciół: „Jak mogę odnieść suces w biznesie, jeśli jestem tylko łącznikiem?". Opowiedź jest prosta: Nie musisz robić wszystkiego sam! Wykonuj tę część, która przynosi ci radość. Zapytaj:

+ *Kto jeszcze musi się pojawić, żeby generować to, co jest potrzebne?*

A może mógłbyś wykreować biznes, który związany jest z kreowaniem połączeń? Zadałam mojemu przyjacielowi pytanie: „A gdyby kreowanie połączeń było właśnie twoim biznesem? Jak

Radość biznesu

by to było, gdyby twój biznes pokazywał to, kim jesteś?". Jeśli jesteś łącznikiem, mógłbyś stworzyć biznes polegający na kontaktowaniu ze sobą ludzi. Popatrz na właścicieli internetowych serwisów Craigslist albo AngiesList. Ich twórcy są łącznikami i dokładnie to robią – łączą ludzi – i robią na tym pieniądze.

„Jestem łącznikiem, ale nienawidzę się promować."
Nawet jeśli jesteś łącznikiem, możesz potrzebować innego łącznika, żeby pomógł ci wypromować ciebie, gdyż dla wielu ludzi (nawet dla łączników) nie jest to proste. Może potrzebujesz kogoś, kto jest łebski w temacie mediów społecznościowych i pomoże ci w kreowaniu połączeń na szeroką skalę. Inną opcją jest zatrudnienie firmy zajmującej się mediami społecznościowymi, która połączy się z całym światem. Zapytaj:

- *Kogo lub co muszę dodać do swojego biznesu?*

Rzecz w tym, żeby mieć świadomość, co jest łatwe dla ciebie i dla innych, w czym jesteście świetni, aby wykorzystać maksimum waszych możliwości i w ten sposób wykreować radość biznesu.

Jakie są nieograniczone możliwości?

Rozdział 15

ZATRUDNIANIE LUDZI DO TWOJEGO BIZNESU
Kilka najważniejszych rzeczy

Kiedy nadchodzi czas, żeby zatrudnić kogoś dla twojego biznesu, poproś o więcej, niż tylko pojawienie się pracownika. Proś o kogoś, kto jest więcej niż pracownikiem. Pytaj o kogoś, kto będąc wkładem do twojego biznesu, przekroczy twoje najśmielsze oczekiwania i rozwinie twój biznes dalej, niż sięgają twoje najbardziej szalone marzenia, jednocześnie robiąc to dla siebie. Proś, by pojawił się ktoś, kto pragnie szerszej rzeczywistości dla twojego biznesu.

Sama nie zawsze działałam w ten sposób. Lata temu, zanim dowiedziałam się, że mój biznes jest odrębnym istnieniem i byłam pewna, że jestem jego właścicielem, miałam taki punkt widzenia, że nikt nie potrafi robić rzeczy lepiej ode mnie.

Trzymałam się idei, że jestem jedyną osobą, która może zajmować się moim biznesem i przez cały czas wszystko utrzymywałam pod swoją kontrolą. Jest to podejście wielu właścicieli biznesów. Nie chcą oni niczego odpuścić. Problem w tym, że kiedy chwytasz się czegoś zbyt mocno, twoja dłoń jest zamknięta. Nie możesz wtedy otrzymać nic innego. W jednym z filmów w serii *Star Wars* [Gwiezdne wojny], jest taka scena, podczas której jeden z bohaterów mówi: „Jeśli nie puścisz się tego wszechświata, nie będziesz mógł otrzymać żadnego innego". Kiedy odpuszczasz kontrolę, dopiero wtedy może pojawić się coś większego dla ciebie i dla twojego biznesu. Więc gdy nadchodzi czas, żeby kogoś zatrudnić, proszę o to, by ludzie, którzy pojawią się i będą ze mną pracować, wiedzieli więcej ode mnie.

Jeśli jakiś obszar twojego biznesu cię nie bawi, lub jest coś, w czym nie jesteś zbyt dobry, znajdź kogoś, kto zajmie się tym z radością. Ja na przykład, mogę rozmawiać na jakikolwiek temat z każdym mężczyzną, z każdą kobietą i dzieckiem, ale łączenie nie jest tym, co lubię najbardziej. Zdecydowanie wolę być kreatorem i wykonawcą. W Good Vibes for You mamy obecnie człowieka, który pracuje dla nas zajmując się sprzedażą i jest w tym o niebo lepszy ode mnie. W jego żyłach nie płynie krew – on cały jest wibracją sprzedaży. Dlaczego miałbyś nie zatrudnić ludzi, którzy robią rzeczy lepiej od ciebie? Mamy także w naszym zespole osobę, która uwielbia księgowość. W jej podejściu jest coś, co brzmi jak: „Czy mogę się tym zająć, proszę?". „Pewnie!" – odpowiadam. Ona prowadzi księgi lepiej ode mnie, ponieważ uwielbia to robić.

Poprzez zaproszenie do swojego biznesu kogoś, kto zajmie się sprawami, za którymi nie przepadasz, jesteś wkładem dla swojego biznesu. Nieżyczliwością w stosunku do niego byłoby nie dopuszczenie do niego ludzi, którzy naprawdę lubią wykonywać robotę, która powinna być zrobiona. Czy posiadanie w swoim biznesie ludzi o wysokich kompetencjach przyczyni się do rozwoju twojego biznesu czy go umniejszy? To z pewnością go rozwinie!

Zatrudnianie

Oto kilka pytań, jakie możesz zadać, kiedy rozważasz zatrudnienie kogoś:

- *Prawda, czy ta osoba przyniesie temu biznesowi pieniądze teraz i/lub w przyszłości?*

Jeśli nawet usłyszysz *nie*, nie wchodź od razu w konkluzję, mówiąc: „Och, nie mogę zatrudnić tej osoby". Zamiast tego zapytaj:

- *Prawda, czy ta osoba w jakikolwiek sposób przyczyni się do rozwoju firmy?*

Otrzymasz świadomość w postaci energetycznej odpowiedzi i dopiero z tej przestrzeni dokonuj wyboru. Pamiętaj, że to wybór kreuje świadomość.

Rozmowy kwalifikacyjne

Kiedy przeprowadzasz rozmowy kwalifikacyjne, wypróbuj tego:

- *Powiedz sobie w głowie „Prawda", a potem zapytaj na głos:*
- *O co jeszcze cię nie zapytałem, co powinienem o tobie wiedzieć?*

Prawda jest prawem uniwersalnym. Jeśli wypowiedz słowo „prawda" tuż przed pytaniem, ludzie muszą mówić prawdę. Będą mówić rzeczy w stylu: „Czasami się spóźniam" albo „Tak naprawdę nie lubię odbierać telefonów". Podzielą się z tobą tym, czego nie lubią, a potem powiedzą do samych siebie: "Dlaczego ja to właśnie powiedziałem?". To się nazywa manipulacja i jest w tym zabawa!

Rzeczy, które musisz wiedzieć o potencjalnych partnerach biznesowych lub pracownikach

Kiedy rozważasz nawiązanie współpracy z partnerem biznesowym lub nowym pracownikiem, warto jest przyjrzeć się kilku sprawom:

- **Czy mają oni mentalność ubóstwa?** Nie zatrudniaj ludzi, których rzeczywistością jest ubóstwo. To nie jest najlepszy pomysł, jeśli chcesz zarabiać pieniądze, ponieważ oni zrobią wszystko, żeby nie wystarczyło ci na zapłatę dla nich.
- **Czy oni lub ich rodzina kiedykolwiek mieli pieniądze?** Ludzie, którzy zawsze mieli pieniądze, oczekują nadal je mieć. Będą działać i kreować pieniądze dla ciebie, ponieważ pieniądze są częścią ich rzeczywistości. Oczekują ich posiadania.
- **Czy kochają pieniądze?** Jeśli tak, będą je kreować dla ciebie i dla siebie, nawet gdy pochodzą z biednego środowiska. Będą to robić z miłości do pieniędzy.
- **Czy mają punkt widzenia, że muszą trzymać w domu wszystko, nawet jeśli są to rzeczy, które do niczego się już nie przydają?** Jeśli tak jest, powienieneś wiedzieć, że prawdopodobnie nigdy nie będą mieć pieniędzy, ponieważ kurczowo trzymają się wszystkiego, jakby nic poza tym nie istniało. Przejedź się ich samochodem. Jeśli jest w nim pełno śmieci, sami są jak gruzowisko i nigdy nie zarobią dla ciebie pieniędzy.

- **Czy są inteligentni i świadomi? Czy mają poczucie humoru?** Musisz pracować z osobami, które będą nadążać za twoim umysłem. Jeśli zatrudnisz kogoś, kto nie jest wystarczająco inteligentny i świadomy, będzie cię on irytował po bardzo niedługim czasie.

Biznes wykrowany z przestrzeni świadomości jest radością biznesu – taki biznes prowadzi się zupełnie inaczej.

Rozdział 16

UKAZYWANIE MOŻLIWOŚCI VS. NARZUCANIE FORMY I STRUKTURY

Ludzie, z którymi rozmawiam, często przejmują się zatrudnianiem personelu. Wyrażają wiele swoich obaw, mówiąc: „Czy znajdę ludzi, którzy będą kompetentni? Czy będę musiał wyjaśniać im nawet najdrobniejsze szczegóły? Czy będą robić robotę po łebkach, a ja będę musiał robić wszystko jeszcze raz? Jeśli tak, będę miał dwa razy więcej pracy! Jak kontrolować to wszystko i mieć pewność, że wszystko idzie dobrze?".

Mówię wtedy: „Nie próbuj wszystkiego kontrolować". Musisz chcieć być liderem twojego biznesu i liderem w swoim życiu. Liderzy to tacy ludzie, którzy wiedzą, dokąd zmierzają i idą tam, bez względu na wszystko. Być liderem swojego biznesu niekoniecznie oznacza bycie rządzącym ważniakiem lub kontrolerem wszystkiego.

Radość biznesu

Może natomiast oznaczać bycie zaproszeniem dla wszystkiego, co inni mogą wnieść do twojego biznesu i wymaganie od nich, by dokonywali wyborów samodzielnie.

Narzucanie formy i struktury, co można nazwać zarządzaniem mikro, wskazuje, że ty, jako biznes lider, umniejszasz swoją świadomość i skupiasz się na myśli, że wszystko musi wyglądać w jakiś dokładnie określony sposób. Problem w tym, że myśli nigdy nie poszerzą twojego biznesu. One go umniejszą i tym właśnie jest *mikro* zarządzanie. Kiedy robisz to w taki sposób, kierujesz się myślami i oczekiwaniami, co pozostawia możliwości w tyle. Trzymasz wtedy swoich pracowników na bardzo krótkiej smyczy. Skłaniasz się do tego, by cały czas nad nimi stać, obserwować ich i mówić, co mają robić.

To jest niewykonalne. Jeśli przyjrzysz się temu, co dzieje się z twoim biznesem – oraz z twoimi pracownikami – gdy obierasz takie podejście, zauważysz z pewnością, że energia przestaje płynąć. Zmniejszają się przepływy pieniężne, wszystko zaczyna się kurczyć i nie ma w tym zbyt wiele radości. Dzieje się tak, gdyż chcesz trzymać wszystko w garści. Prowadzisz biznes w oparciu o konkluzję, kontrolę i osąd, zamiast wesprzeć go na świadomości, wyborze i nieograniczonych możliwościach.

Kiedy natomiast ukazujesz innym możliwości, jest to wkładem zarówno dla nich, jak i dla całego biznesu. Pozwalasz na to, by pojawiło się wsparcie dla ciebie, a także ukazało się ono dla nich. Jeśli zadajesz pytania dotyczące twoich pracowników i funkcjonujesz z przestrzeni świadomości, nie skupiając się na niezmiennych odpowiedziach, sprawiasz, że przez całą twoją firmę przepływa energia możliwości, dzięki której ludzie mogą być wszystkim, czym tylko zapragną być.

Zachęcaj ludzi, by robili to, co potrafią najlepiej

Zachęcaj swoich pracowników, by zajmowali się tym, w czym są dobrzy. Ludzie lubią kreować swoje stanowiska pracy. Jeśli robią to, co kochają, praca staje się zaproszeniem – staje się radosna i rozwija twój biznes. Każda osoba ma inne spojrzenie na wszystko. Gdyby w pokoju pełnym ludzi poprosić wszystkich o wykonanie jednego określonego zadania, każdy zrobiłby to inaczej. Tak właśnie wygląda ekspansja. Oznacza to, że każdy będzie miał inny koncept na to, jak rzeczy powinny być zrobione i być może ty sam nigdy nie wpadłbyś na takie pomysły. Jak by to było, gdybyś potrafił otrzymywać inność każdego człowieka?

Jak ty byś to zrobił?

Inspirowanie ludzi, żeby robili to, czego pragną, kreuje zupełnie inną energię od tej, kiedy mówisz im, co mają robić. Gdy któryś z pracowników pyta mnie, jak coś zrobić, w większości przypadków odpowiadam: **"Jak ty byś to zrobił?"**. Zadanie tego pytania pozwala ci otrzymać ich perspektywę.

Pewnego dnia, miałam spotkanie z jednym z naszych współpracowników. Zapytał mnie:

– Czy możesz mniej więcej określić, jakie są wasze priorytety?

– Zależy nad czym pracujesz? – odparłam, a on wymienił pięć różnych rzeczy, którymi obecnie się zajmował.

– Co chciałbyś robić? – spytałam.

– Chciałbym pracować nad tym i nad tym, ponieważ widzę, że wszystko idzie w tym kierunku – odpowiedział.

– Wspaniale, rób to – zachęciłam go.

Pod koniec dnia, ten człowiek przysłał mi wiadomość, w której wyraził słowa podziękowania: „Dziękuję za pozwolenie mi wybrania własnych priorytetów".

Radość biznesu

Gdybym kazała mu zrobić coś, czego nie chciał, czy zrobiłby to dobrze? Czy zrobiłby to szybko? Czy zrobiłby to z entuzjazmem? Prawdopodobnie nie. Wolałam, żeby nie wykonywał zadań, które myślałam, że powinien zrobić, gdyż wiedziałam, że robiąc rzeczy, które kochał i uważał za ważne, zrobi je dobrze i jego wkład będzie dużo większy, niż mogłabym od niego wymagać.

Kiedy funkcjonujesz z miejsca, gdzie nie wydajesz rozkazów, zapraszasz bycie wzajemnym wsparciem i kreujesz w twoim biznesie więcej ekspansywnej energii. Możesz zadawać swoim pracownikom takie pytania:

- *Co możesz wnieść do tego projektu?*
- *Jakie masz pomysły?*
- *Jak dokładnie chciałbyś, żeby to wyglądało?*
- *Co to dokładnie dla ciebie znaczy?*

Używaj w swoich pytaniach słowa dokładnie. To sprawi, że osoba będzie mówiła o tym, co jest prawdziwe dla niej i uzyskasz więcej informacji i świadomości, co będzie, a czego nie będzie robić.

Kiedy pokazujesz ludziom możliwości, otwierasz drzwi do tego, żeby pytali: „Jakim ja mogę być wkładem?". To niezwykle silny czynnik wpływający na sukces biznesu. (Nawiasem mówiąc, pytając ludzi o zdanie lub o to, jakie mają pomysły, nie oznacza, że musisz je od razu wdrażać. Rzecz w tym, że dzięki temu zyskujesz więcej informacji i szerszą perspektywę.) Jeśli jesteś otwarty na otrzymanie ich wkładu, dużo więcej może się ukazać zarówno dla ciebie, jak i dla nich.

Zachęcanie ludzi, żeby robili to, czego pragną, kreuje zupełnie inną energię, niż mówienie im, co mają robić.

Rozdział 17

UMOWA I DOSTARCZENIE

Wielu ludzi wierzy, że jeśli są uprzejmi i mili, inni też będą tacy dla nich, dzięki czemu osiągną to, czego pragną. Myślą wtedy kategoriami: "Jak Kuba Bogu, tak Bóg Kubie". Wierzą, że jeśli będą wystarczająco mili, wystarczająco dobrzy, lub jeśli będą robić wszystko tak, jak trzeba, wszystko pójdzie po ich myśli. Nic z tego! Jeśli próbowałeś już takiego podejścia, prawdopodobnie wiesz, że to nie działa. Funkcjonowanie według przekonania, że to, co robisz innym, wróci do ciebie, nie pozwala ci dostrzec, co tak naprawdę może się wydarzyć. To taka fantazja, że osiągniesz jeszcze lepszy rezultat, niż myślisz. Wierzysz wtedy, że ktoś dostarczy ci coś dużo wspanialszego, niż w rzeczywistości jest w stanie dostarczyć.

Jaka jest umowa?

Zamiast zarządzać biznesem z krainy fantazji, zapraszam cię do zastosowania podejścia, które nazywamy umową i dostarczeniem.

Polega ona na tym, że wiesz, czego pragniesz i wymagasz, zadajesz pytania i rozpoznajesz, co dana osoba jest w stanie dostarczyć i co w rzeczywistości dostarczy. Pozwala to na ominięcie fantazji, które macie ty i ta osoba, oraz przyjrzenie się rzeczywistej umowie i temu, z czego ma się wywiązać każda ze stron.

Zawsze, gdy zawieram z kimkolwiek jakiś kontrakt lub umowę, pytam: „Jaka jest umowa? Czego dokładnie życzysz sobie i wymagasz ode mnie?". Pytania są konieczne, jeśli ma być osiągnięta pełna jasność. Kiedy przedstawiasz wyłącznie swoje wymagania, zakładasz, że ta druga osoba cię słyszy. I to jest najczęstszy błąd. Musisz jasno wyrazić swoje wymagania, oraz określić, co dostarczysz ze swojej strony. Musisz także mieć jasność ze strony tej drugiej osoby – co dokładnie ona ma dostarczyć. Co według ciebie jest przedmiotem umowy? Jaka jest umowa według drugiej strony? Musisz zadać kilka pytań:

- *Jaka jest umowa?*
- *Co ty dostarczysz mnie?*
- *Czy dostarczysz to, czego ja chcę?*
- *Czy pytam o coś, czego nie jesteś w stanie dostarczyć?*
- *Jakie dokładnie są tutaj zasady?*
- *Jakie są warunki?*
- *Czego dokładnie życzysz sobie i wymagasz ode mnie?*
- *Co muszę dostarczyć, żeby otrzymać to, czego chcę?*
- *Czy jestem w stanie dostarczyć to, czego ty chcesz?*
- *O czym muszę tutaj wiedzieć?*
- *Czy jest coś, o co nie chcę zapytać?*

Pieniądze

Podejście „umowa i dostarczenie" jest bardzo istotne, kiedy w grę wchodzą pieniądze, gdyż ludzie są raczej mało klarowni w tym temacie. Tak naprawdę, w ogóle nie są. Stwarzają nieporozumienia, co powoduje, że nie wiesz, za co będziesz płacić, nie wiesz, co się za chwilę okaże, lub kiedy otrzymasz to, za co zapłacisz. Sama jestem bardzo konkretna, gdy chodzi o pieniądze. Nie doprowadzam do niejasności. Chcę totalnej klarowności. Używam do tego pytań:

- *Co przez to rozumiesz?*
- *Jak to będzie dokładnie wyglądać?*
- *Ile dokładnie będzie mnie to kosztować?*

Zawsze pytam o dokładną kwotę. Dzięki temu, nikt nie przychodzi do mnie później, mówiąc: „Och, nie rozmawialiśmy jeszcze o tym, co zostało zrobione dodatkowo".

Jeśli chciałbyś wiedzieć, co będzie się działo, musisz zadawać pytania.

Czy oni wywiążą się z umowy?

Kiedy ktoś mówi: „Chciałbym z tobą pracować", zobacz, co się pod tym kryje. Może myśli, że chce z tobą podróżować (na twój koszt) i w zamian za to będzie nosić twoje bagaże. Prawdopodobnie nie do końca spełniałoby to twoje wymagania!

Powiedzmy, że zatrudniasz kogoś, kto będzie wyprowadzał na spacery twojego psa. Mógłbyś zapytać tego kogoś:

- *Jakie masz oczekiwania dotyczące tego, co będziesz robił?*

- *Kiedy będziesz wyprowadzał psa na spacery?*
- *Jak to będzie wyglądać?*
- *Ile razy w tygodniu będziesz to robić?*

Nie zakładaj, że ktoś będzie wyprowadzał twojego psa tak, jak ty byś to zrobił. Dowiedz się, co ta osoba ma w swojej głowie. Kiedy podchodzisz do tego, jak do umowy i dostarczenia, możesz jasno określić, czego sam sobie życzysz i dowiedzieć się, czy dana osoba rzeczywiście dostarczy to, czego chcesz. Czy zrobi to, o co ją poprosisz? Czy dostarczy to, czego byś chciał? Bądź gotowy przyjrzeć się wszystkiemu i zapytać: „Czy ta osoba dostarczy to, czego pragnę?"

Jeśli ktoś oferuje zrobić coś dla ciebie, powiedz: „To wspaniale. Jaka jest umowa? Czego chcesz w zamian?" – zanim ktoś przedstawi rachunek za to, co dla ciebie zrobił, w dodatku dużo wyższy, niż się spodziewałeś. Zadaj to pytanie na początku: „OK, jaka jest umowa?". Ty masz jasność. Oni mają jasność.

Nigdy nie konfrontuj

Mój dobry przyjaciel potrzebował do swojego biznesu wykonawcy. Znalazł kobietę, które powiedziała, że dostarczy to, czego on potrzebuje. Myślał, że wyjaśnili kwestie dotyczące kosztów, jednak ona zrozumiała te ustalenia zupełnie inaczej. Wysłała mu rachunek, który czterokrotnie przewyższał sumę, jakiej się spodziewał. Zdenerwowała go ta sytuacja i chciał skonfrontować się z tą kobietą, udawadniając, że nie dostarczyła tego, na co się umawiali.

Jego polityka była taka: „Jeśli ja ci się przeciwstawię, ty zobaczysz, że nie masz racji". Jedynym problemem przy takim podejściu jest to, że konfrontacja nigdy nie działa. Kiedy stawiasz komuś czoła i przeciwstawiasz się, druga strona automatycznie musi zacząć bronić swojej pozycji. Ludzie widzą wszystko jedynie z miejsca, w którym stoją. Nie potrafią spojrzeć twoimi oczami z miejsca, w którym ty się znajdujesz. Nikt nigdy do końca nie zrozumie twojego punktu widzenia i nie zmieni swojego tylko dlatego, że ty wyraziłeś swój. Wszystko sprowadza się do tego, że jeśli konfrontujesz się z ludźmi, oni uciekają się do usprawiedliwiania i obrony.

„Jestem zdezorientowany. Czy możesz mi w tym pomóc?"

Kiedy mam rozmawiać z kimś o tym, że coś mnie niepokoi, unikam wchodzenia w konfrontację. Pierwszą rzeczą, jaką mówię jest:

- *Jestem zdezorientowana. Czy możesz mi w tym pomóc?*

Zajmuję pozycję, która pokazuje, że potrzebuję pomocy: Coś mi umknęło. Czegoś nie zauważyłam. Czegoś nie zrozumiałam. Kiedy obierasz taki punkt widzenia, ta druga osoba będzie zawsze próbowała wypełnić lukę. Będzie próbować ci pomóc i być dla ciebie wsparciem. Takie miękkie podejście pozwala, by pojawiło się więcej informacji. Jedyne, czego szukasz to jasność i świadomość. Tu nie chodzi o rację, jej brak, czy też o zwycięzców i przegranych.

Ostatnio zmartwił mnie mail od kogoś, z kim pracuję. Wydawało mi się, że był on niegrzeczny w stosunku do kogoś innego. Nie konfrontowałam się z nim, ani nie prosiłam, żeby wyjaśnił to, co napisał. Zamiast tego, powiedziałam: „Jestem zdezorientowana. Czy możesz mi w tym pomóc?". Robiąc w ten sposób odkryłam, że ten człowiek nie miał po prostu wystarczających umiejętności, by zrobić rzeczy, które myślałam, że będzie umiał zrobić. Teraz, gdy mam tę informację, mogę znaleźć kogoś innego, kto potrafi dostarczyć to, czego potrzeba, bez potrzeby martwienia się, konfrontacji i usprawiedliwiania. Takie podejście pozwala, by pojawiły się nieograniczone możliwości. Jest dużo bardziej ekspansywne niż konfrontowanie się lub bycie nieświadomym sytuacji, która wymaga twojej uwagi. Właściwie, chodzi tutaj o więcej świadomości.

Konfrontacja może być przydatna w jednym przypadku – kiedy chcesz, żeby ktoś zauważył, że przegra, jeśli będzie nadal wybierał to, co wybiera. Dobrym przykładem są ludzie, którzy zachowują się tak, jakby byli tępi, gdy dochodzi do operowania pieniędzmi. Chcą w ten sposób wykreować sytuację, w której poczujesz się zdezorientowany co do ceny, żeby mogli dzięki temu "wygrać". Nieporozumienie, które kreują sprawia, że łatwiej im utrzymać przy życiu swoje oszustwo. Kiedy dzieje się coś takiego, może okazać się pomocne wypowiedzenie z pewną inensywnością słów: "Nie rozumiem, czego chcesz. O co ci *#@! chodzi?". To może pomóc wyjaśnić, jaka rzeciwiście jest umowa.

Nigdy nie uzasadniaj

Kiedy prosisz ludzi, by dostarczyli to, czego ccesz, możesz czuć pokusę, by wyjaśnić albo uzasadnić, dlaczego chcesz, by zostało to dostarczone w taki, a nie inny sposób. Może masz taką myśl, że wyjaśnienie powodów, dla których chcesz, żeby coś było zrobione w określony sposób, pomoże ci otrzymać to, czego pragniesz. Możesz na przykład powiedzieć: "Chcę, żeby ta ulotka została wydrukowana na grubszym papierze wysokiej jakości, ponieważ chcę, by postrzegano nasz biznes jako organizację odnoszącą sukcesy, która robi wszystko najlepiej, jak to tylko możliwe". Kiedy chcesz, żeby ludzie koniecznie zrozumieli twój wybór, zaczynasz wyjaśniać każde, nawet najmniejsze działanie, jakie podejmujesz. Nie uzasadniaj ani nie wyjaśniaj. Mów po prostu, co jest twoją prawdą. To by zabrzmiało tak: „Chcę tę ulotkę wydrukowaną na grubszym papierze wysokiej jakości".

Wszystko jedno, czy w biznesie, czy w osobistych relacjach, mów ludziom dokładnie to, czego potrzebujesz. Mówisz więc: „W tej relacji, żeby mogła działać, potrzebuję tego i tego". Nie polecam natomiast takiego podejścia: „Miłość wszystko zwycięży" albo „Jeśli pokażę im miłość, jakiej potrzebują, wszystko będzie dobrze". Tak funkcjonuje świat fantazji. Zdobądź się na obecność i wznieś się ponad fantazję. To pozwoli ci kreować wszystko, czego pragniesz. Kiedy uzasadniasz to, czego potrzebujesz, tak naprawdę próbujesz konfrontować się z drugą osobą, nie robiąc tego bezpośrednio.

Wyjaśnianie nie działa, ponieważ druga osoba w żaden sposób nie może podążać za twoją osobistą logiką. Ludzie nie będą w stanie dostrzec twojego punktu widzenia, ponieważ mają swój. Musieliby albo walczyć z tym, co do nich mówisz, albo porzucić swój punkt widzenia i uznać twoją rację. Żadna z tych opcji nie poprawi ich zdolności dostarczania tego, co ty chciałbyś otrzymać.

Tego potrzebuję. Czy potrafisz to dostarczyć?

Zamiast uzasadniać to, czego sobie życzysz, co jest wyrażeniem opinii: „Mam rację dokonując takiego wyboru i chcę, żebyś też tak na to spojrzał", powiedz po prostu: „Wybieram to, ponieważ tego właśnie potrzebuję". Koniec kropka. Bez wyjaśniania i niepotrzebnego usprawiedliwiania się. „Tego potrzebuję. Czy potrafisz to dostarczyć?". Wtedy druga osoba rozumie, co musi zrobić, żeby dotrzymać warunków umowy. Czy to zrobi czy nie, jest już tylko jej wyborem.

Nigdy nie szukaj aprobaty

To samo tyczy się sytuacji, gdy próbujesz zdobyć u ludzi aprobatę tego, czego wymagasz. Nie zaprzątaj sobie tym głowy! Tak się nigdy nie stanie. Zamiast tego, bądź konkretny i klarowny w rozmowach i dowiaduj się, jaka jest umowa. Jasno i prosto mów ludziom, czego wymagasz. Miej jasność, czego oni wymagają. Zadawaj pytania i bądź świadomy tego, co potrafią dostarczyć, a czego nie.

Nigdy nie konfrontuj, nigdy nie uzasadniaj i nigdy nie szukaj aprobaty.

Rozdział 18

UFAJ TEMU, CO WIESZ

i zdobywaj informacje, których potrzebujesz

W biznesie ważne jest, by ufać temu, co sam wiesz. Kto wie najlepiej? Twój księgowy? Twoj prawnik? Ktoś z twojej branży? Nic z tego. Ty wiesz! Wyobraź sobie, jaki byłby twój biznes, gdybyś zaufał sobie? Czy byłoby w nim więcej czy mniej pieniędzy? Byłoby więcej czy mniej zabawy?

Znam pewną kobietę, która prowadzi biznes ze swoim mężem i z jeszcze jednym mężczyzną, który uważa się za eksperta do spraw biznesu. Chociaż właścicielami biznesu są ona i jej mąż, mężczyzna ten prezentuje bardzo zdecydowane opinie na temat tego, jak ten biznes powinien wyglądać. Pewnego dnia powiedziała do mnie:

– To tak, jakby on zawsze doszukiwał się wyjaśnienia, dlaczego chcę robić różne rzeczy. Nie mam ochoty przekonywać go do mojego sposobu działania, więc robię wszystko na jego sposób. Ale czuję się z tym nieszczęśliwa. Kiedyś uwielbiałam biznes. Teraz go nienawidzę.

— Czy dobrze rozumiem? — spytałam. — Właścicielami biznesu jesteście ty i twój mąż?

— Tak — odpowiedziała.

— Więc ty i twój mąż macie władzę i kontrolę — mówiłam dalej. — Jak by to było, gdybyś przestała robić wszystko tak, jak zrobiłby to ten facet i stanęła pełna podziwu dla jego osiągnięć w biznesie, spojrzała na jego poglądy, jako na informacje, za które jesteś wdzięczna, a potem podążyła za swoim własnym „wiedzeniem"?

To byłoby funkcjonowanie z poziomu: umowa i dostarczenie. Ona dokonywałaby swoich własnych wyborów i jasno określała, czego wymaga, bez wyjaśniania, uzasadniania i konfrontacji.

Co jeszcze powinienem tutaj wiedzieć?

Ważne jest, byś ufał sobie i dostrzegał to, co ty wiesz. Równocześnie, pamiętaj o zadawaniu pytań i zdobywaniu informacji, jakich potrzebujesz. Może będziesz musiał porozmawiać z księgowym, z prawnikiem lub z kimś z twojej branży, żeby dowiedzieć się tego, co trzeba. Niektórzy ludzie chcą sprawiać wrażenie znawców, którzy wiedzą już wszystko, czego można było się dowiedzieć na temat biznesu. Jestem ich odwrotnością. Jeśli pojawia się coś, o czym nie wiem zbyt wiele, zadaję pytanie: „Co to jest? Co ty o tym wiesz?". Słuchaj uważnie każdego i będziesz wiedział, kiedy energia tego, co mówią będzie odpowiadać energii tego, czego ty chcesz.

Jeśli jesteś zdezorientowany, zły lub zmartwiony, albo jest coś w twoim biznesie, co zdaje się być dziwne lub niewygodne dla ciebie, najprawdopodobniej potrzebujesz więcej informacji. Gdy dzieje się coś takiego, ludzie najczęściej uciekają się do osądu, szukając przyczyny w sobie i w innych. W rzeczywistości, brakuje im po prostu informacji. Najlepszym rozwiązaniem jest wtedy pytanie.

Być może pracownik zrobił coś, co cię zmartwiło. Może gaśnie jakiś twój projekt i nie wiesz, jak popchnąć go do przodu. Jeśli jesteś gotowy zadać temu pytanie, otrzymasz więcej klarowności, co pozwoli ci dokonywać świadomych wyborów. Kiedy potrzebujesz dodatkowych informacji, pytaj:

- *Co jeszcze powinienem tutaj wiedzieć?*
- *Z kim powieniem porozmawiać?*
- *Czego jestem tutaj świadomy, czego nie chciałem do tej pory przyznać?*

Możesz także zapytać:
- *Co jest w tym dobrego, czego jeszcze nie widzę?*
- *Czego nie chcę postrzegać, wiedzieć, być i otrzymać?*

Czy jest tutaj kłamstwo?

Jeśli czujesz zdenerwowanie i frustrację, może to oznaczać, że jest tutaj jakieś kłamstwo. Zadaj więc pytanie:

- *Czy jest tutaj jakieś kłamstwo?*

Nie musisz wiedzieć, czym to kłamstwo jest. Masz po prostu świadomość, że ono tutaj jest, co jest ważną informacją. Im więcej zadajesz pytań, tym więcej świadomości otrzymujesz. Tak naprawdę, jest to bardzo proste. Kiedy masz już informację, której potrzebujesz, nawet, jeśli to złe wieści, nawet jeśli odkryjesz, że jesteś komuś winny milion dolarów, będziesz wiedział, co musisz wygenerować. Będziesz wiedział, co musisz zmienić.

Czy jest tutaj prawda z podczepionym kłamstwem?

Czy kiedykolwiek znalazłeś się w sytuacji, gdy ktoś powiedział ci: „Och, to fantastyczny interes. Zarobisz na tym górę pieniędzy!". Da się w tym odczuć coś wspaniałego i jednocześnie coś nie do końca wspaniałego. To była prawda z podczepionym kłamstwem. Zobaczyłeś przestrzenie, w których mógłbyś zarobić dużo pieniędzy. To była prawda. Podczepione kłamstwo, które faktycznie nie zostało wypowiedziane, brzmiało: „Pieniądze pojawią się dopiero za jakieś trzy do pięciu lat".

Widziałeś kiedyś ogłoszenie biura nieruchomości, przedstawiające przepiękny dom z widokiem na ocean? Wspaniałe, prawda? To *jest* piękny dom, ale widok na ocean możliwy jest tylko dla kogoś, kto mierzy przynajmniej dwa metry stojąc na czubkach palców, w określonym miejscu po lewej stronie werandy. To prawda z podczepionym kłamstwem. Jeśli odczuwasz coś dziwnego podczas spotkania, lub gdy pracujesz z kimś nad jakimś projektem, zapytaj:

* *Czy jest tutaj prawda z podczepionym kłamstwem?*

Nie musisz wiedzieć, co jest prawdą, a co kłamstwem. Poproś tylko o energię prawdy i kłamstwa. Będziesz mógł wtedy zniszczyć i odkreować wszystko, co nie pozwala ci mieć świadomości, której potrzebujesz.

Co jest w tym dobrego, czego jeszcze nie widzę?

To pytanie omija koncept, że może być coś niewłaściwego w czymś lub kimś, bez względu na sytuację. Nic nigdy nie jest złe. Nie da się tak naprawdę popełniać błędów. Cały czas się uczysz i uzyskujesz więcej świadomości. Gdy tylko pomyślisz, że coś jest niewłaściwe, zaczynasz uprawiać osąd. Z hukiem zatrzaskujesz drzwi możliwościom, jakie niesie dana sytuacja. Jest takie narzędzie, które otwiera te drzwi. Zapytaj:

- *Co jest w tym dobrego, czego jeszcze nie widzę?*

Zdarzają się na przykład takie chwile, kiedy energetycznie nie jest dla kogoś wskazane, by kontynuował pracę w biznesie. Niektórzy mogliby to odczytać, jako stratę: „O nie, ta osoba wybiera opuszczenie biznesu", lub „O nie, musimy go zwolnić". Takich sytuacji może być wiele. Najważniejesze, żeby niczego wtedy nie osądzać i nie robić ze zwolnienia kogoś błędu lub smutnego wydarzenia z czyjegoś odejścia. Bądź raczej pytaniem. A jeśli to nie strata? Jeśli to najbardziej ekspansywny wybór dla twojego biznesu i dla tej osoby? Może właśnie tego twój biznes lub projekt teraz potrzebuje. Może osoba, która odchodzi otworzy dzięki temu przestrzeń i zaprosi w to miejsce energię, by mogło pojawić się dla wszystkich coś zupełnie innego.

Przyjaciółka pracowała przez dłuższą chwilę na odpowiedzialnym stanowisku w spółce naftowej, ale po jakimś czasie zrezygnowała z pracy w tej branży. Kiedy podjęła decyzję o powrocie do tego biznesu, nie była już na bieżąco z aktualnie używanymi sytememami. Odbyła wiele rozmów kwalifikacyjnych i jedyną ofertą, jaką otrzymała, był trzymiesięczny kontrakt z firmą, która proponowała dużo mniej, niż się spodziewała. Zamiast osądzić to, jako coś złego i narzekać na zbyt małą ilość zaoferowanych pieniędzy, spytała: „Co jest w tym dobrego, czego jeszcze nie widzę?".

Wtedy zdała sobie sprawę, że na całą tę sytuację można spojrzeć z zupełnie innej perspektywy. Otrzymywała właśnie trzy miesiące opłaconego szkolenia w systemach, które chciała poznać, dzięki czemu po upływie tych trzech miesięcy, gdy skończy się jej kontrakt, będzie mogła odejść i prosić o dużo większe pieniądze. Powiedziała sobie: „Tak naprawdę, daje mi to moc i potencjał do wybierania dla siebie. Wiem, że mając znajomość systemów używanych aktualnie w tej branży, będę w stanie znaleźć wspaniałą pracę".

Co jest we mnie wspaniałego, czego jeszcze nie widzę?

Pytanie: „Co jest w tym dobrego?" możesz używać także w odniesieniu do siebie. Czy denerwujesz się z jakiegoś powodu na samego siebie? Czy doszedłeś do wniosku, że popełniłeś jakiś błąd? Czy uważasz, że zrobiłeś coś nie tak, jak trzeba? Nie możesz znieść samego siebie? To pytanie pomoże ci zobaczyć siebie z zupełnie innego punktu widzenia i może otworzyć drzwi do zupełnie nowych możliwości. Zapytaj:

- *Co jest we mnie wspaniałego, czego jeszcze nie widzę?*

To pytanie jest po to, by wyciągnąć cię z osądu samego siebie. To genialne narzędzie, którego możesz użyć, gdy zaczynasz krytykować siebie. A jeśli nie ma w tobie nic niepoprawnego? Zawsze jest w tobie coś wspanialszego. Jak by to było, gdybyś używał tego narzędzia, żeby mieć świadomość wszystkiego, czego nie chciałeś w sobie dostrzec? Czy wykreowałoby to więcej czy mniej dla twojego biznesu i w twoim życiu?

Mam nadzieję, że użyjesz wszystkich pytań z tego rozdziału, żeby mieć więcej jasności w kwestiach biznesowych i uzyskać informacje, jakich potrzebujesz. Kiedy używasz ich systematycznie i świadomie, zaczynasz jeszcze mocniej ufać temu, co ty wiesz. A to oznacza więcej pieniędzy, więcej zabawy i więcej radości biznesu!

Kto wie najlepiej? Ty wiesz!
Wyobraź sobie, jaki byłby twój biznes, gdybyś zaufał sobie.

Rozdział 19

WYBIERANIE DLA SIEBIE

Większość ludzi błędnie interpretuje świadomość. Myślą, że świadomość kreuje się poprzez dochodzenie do konkluzji, kontrolowanie i osądzanie, a nie poprzez dokonywanie wyboru i zadawanie pytań. Funkcjonowanie w oparciu o konkluzję wygląda tak: „Tak to tutaj robimy. Rzeczy muszą być zrobione w taki sposób. Nic nie zmieniamy. Ostatnio zadziałało, więc będziemy to dalej robić w ten sam sposób".

Przypuśćmy, że przygotowujesz stanowisko na targach. Operując poprzez konkluzję powiesz: „W zeszłym roku dobrze nam poszło. Stanowisko było wspaniałe. Musimy w tym roku zainstalować się w tym samym miejscu i wszystko tak samo zorganizować, bo to przyciągało mnóstwo ludzi rok temu". Czy w takim podejściu jest miejsce na świadomośc i zmianę? Nie!

Funkcjonując z przestrzeni świadomości powiesz: „Targi były świetne w zeszłym roku. Czy w tym roku też pójdzie tak dobrze, czy jest coś innego, czemu powinniśmy się przyjrzeć?". W tym nie ma żadnej konkluzji. Jesteś gotowy wziąć udział w targach lub nie pojawić się tam. Masz otwartość, by wszystko wyglądało zupełnie inaczej niż poprzedniego roku.

Decyzja vs. wybór

Ludzie często mylą decyzję z wyborem. W szczególny sposób dotyczy to decyzji głęboko osadzonych w ich rodzinach, kulturze lub branży zawodowej. Decyzja zawsze związana jest z osądem. Mówisz wtedy: „Tym się teraz zajmuję!". Bum! To by było na tyle! Żadna zmiana nie wchodzi w grę. Decyzja zamyka drzwi do możliwości. Nie może pojawić się nic innego. Wybór natomiast, jest czymś, co możesz zmienić w jednej sekundzie.

Uczestnik jednej z klas Access Consciousness® we Włoszech powiedział: „Mieszkam w takim miejscu, gdzie ludzie spędzają swoje letnie wakacje, więc pracuję tylko w letnim sezonie. Nie potrzebuję nawet samochodu, ale z tego powodu nie mogę dotrzeć do miejsc, gdzie mógłbym znaleźć dodatkową pracę. Jak to mogę zmienić?".

Moja odpowiedź była taka: „Wybór! Wybór kreuje świadomość. Świadomość nie kreuje wyboru. Masz na wyciągnięcie ręki całą planetę i tylko to, że urodziłeś się we Włoszech, w pięknym miejscu – idealnym na letnie wakacje – nie oznacza, że musisz tam tkwić. Możesz zmienić cokolwiek zechcesz. „Wybór kreuje świadomość" znaczy, że to ty kreujesz świadomość tego, co jest możliwe, gdy dokonujesz wyboru. Otwierasz drzwi nowym możliwościom i nowym sposobom działania. Jeśli nie dokonujesz wyboru, nigdy nie uzyskasz świadomości tego, co jeszcze może się ukazać. Jeśli mówisz: 'Nie mogę znaleźć dodatkowej pracy, ponieważ ...', wszystko po słowie *ponieważ* jest usprawiedliwieniem powodu, dla którego nie wybierasz czegoś wspanialszego. Nie kupuję więc tej historii – ani twojej, ani kogokolwiek innego – bo niby dlaczego nie mielibyście wreszcie wybrać tego, co naprawdę pragniecie mieć w swoim biznesie i w życiu".

Ludzie często tak się usprawiedliwiają. Niedawno rozmawiałam z kobietą, która mieszka w odległym zakątku Australii. Bez przerwy mówiła o tym, że jej odosobnienie było powodem, dla którego nie mogła wykreować własnego biznesu.

Zapytałam ją: „Jak by to było, gdybyś nie używała miejsca, w którym mieszkasz, jako usprawiedliwienia tego, że nie możesz rozpocząć biznesu? Wcale nie musisz się przeprowadzać, żeby to zrobić. Zobacz, do czego teraz masz dostęp. Co powiesz na media społecznościowe? Zacznij pisać bloga, zrób audycję radiową, pokaż się na Facebooku, na Twitterze. Zrób co się tylko da. Zorganizuj telekonferencję. Co możesz dzisiaj ustanowić, żeby rozszerzyć twój biznes dzisiaj, bez względu na to, gdzie jesteś?".

Nie podejmuj decyzji, ani nie usprawiedliwiaj się. Zadawaj pytania:

- *Jakie wykreowałem tutaj ograniczenia?*
- *Czego naprawdę bym chciał?*
- *Co musiałbym tutaj zmienić – i czy mogę to zmienić?*
- *Co czynię bardziej wartościowym od sukcesu, który mógłym wybierać?*

Wybór kreuje świadomość.

Czy wybieram tutaj dla siebie?

Rozmawiałam z artystką, która przeprowadziła się z Kanady do Szwajcarii. Szukała odpowiedniego miejsca na swoją galerię. Pragnęła znaleźć studio, do którego mogłaby dostawać się spacerem lub na rowerze i znalazła miejsce, które bardzo jej się spodobało, w odległości zeledwie dwóch minut od domu. Przyjaciele mówili jej: „To dzielnica mieszkaniowa. Nikt nigdy cię tu nie znajdzie. Nikomu nie będzie chciało się tutaj przyjść, żeby oglądać twoje dzieła lub brać udział w twoich klasach".

Powiedziała do mnie:

– Ja wiem lepiej, ale gdy tylko pomyślę o tym, co mówią moi przyjaciele, tracę tę pewność.

– Prawda, czy kupiłaś projekcje innych ludzi, że to się nie może udać? – zapytałam.

– Tak – odpowiedziała.

Po tym, jak zrobiłyśmy razem kilka odkreowań, zobaczyła, że spokojnie może sobie zaufać.

– W przeszłości – dodała – zawsze tworzyłam dla siebie komfortową przestrzeń do pracy i zawsze mi się to udawało. Nigdy nie pytałam ludzi o ich opinie i teraz też nie potrzebuję tego robić.

Kiedy wybierasz dla siebie, na końcu wszystko trafi na swoje miejsce. Kiedy wybierasz przeciwko sobie lub dla kogoś innego, wszystko zaczyna się psuć. Zadaj pytanie:

- *Czy wybieram tutaj dla siebie?*
- *Czy wybieram tutaj dla biznesu?*
- *Czego potrzebuje biznes?*
- *Czego ja potrzebuję?*

Niedawno słyszałam o pewnym biznesie, który podupadał. Trzech właścicieli wiedziało, że potrzebne były znaczące zmiany. Dwóch z nich rozważało zamknięcie biznesu, szukając możliwości sprzedaży, nawet ze stratą. Trzeci właściciel powiedział: „Zamierzam pomóc tej firmie rozkwitnąć! Ten biznes może znowu działać!". On wybrał dla siebie i zażądał od siebie, że zrobi wszystko – nie ważne co powiedzą inni – by ten biznes odniósł sukces. Nie zamierzał kupować punktów widzenia innych ludzi. Był gotowy stać się liderem swojego własnego życia. Jego żądanie kontynuowania biznesu otworzyło zupełnie nową przestrzeń możliwości. Na przestrzeni kolejnych trzech tygodni, wszystko zaczęło się zmieniać. Pojawiało się coraz więcej zamówień i zaczęły napływać pieniądze. Ten facet wybrał dla siebie. Nie pozwolił, by punkty widzenia innych ludzi, dotyczące tego, co mógł wykreować i wygenerować, stały się bardziej wartościowe od tego, co on wiedział. Ile razy ty zatrzymywałeś siebie w oparciu o to, co myśleli inni? Czy uznawanie kogoś innego za bardziej wartościowego niż ty sam, kiedykolwiek pracowało na twoją korzyść?

Kupowanie punktów widzenia innych ludzi

Wielu z nas zaakceptowało podejście, jakie do pieniędzy lub biznesu mają inni ludzie. Powiedzmy, że twoi rodzice mieli swój mały biznes, który budowali w oparciu o taki punkt widzenia: „Możesz generować życie, ale nigdy nie będziesz bogaty". Albo bez przerwy narzekali, jak trudno jest być właścicielem biznesu. Wszystko kręciło się wokół traumy i dramatu prowadzenia działalności. Mogłeś zaakceptować takie punkty widzenia, uznając je za prawdziwe, bez podważania ich zasadności. Ale mogłeś także obserwować sposób funkcjonowania ludzi z twojej branży i kreować punkty odniesienia na tej podstawie. Mogłeś przyjąć ich punkty widzenia i postawy, nawet nie będąc tego świadomym.

Kiedy sprowadzałam towary z Azji, ludzie często mówili mi, że wybrałam sobie biznes, który wymaga poświęcania długich godzin i ciężkiej pracy. To było całkiem zabawne, biorąc pod uwagę cały ten czas, który spędzałam na plaży. Wiedziałam, że mogę wszystko robić inaczej. Na szczęście nie kupiłam tych punktów widzenia! Nawet, jeśli ty już to zrobiłeś, możesz je zniszczyć i odkreować. Jak to się robi? Użyj oświadczenia oczyszczającego!

Czy twoja rodzina, przyjaciele, albo partnerzy biznesowi mówią ci, że nie możesz zostać multimiliarderem i zgarnąć wszystkiego? Czy narzucają na ciebie swoje projekcje, że nigdy ci się to nie uda, że nigdy nie osiągniesz sukcesu? A może wmawiają ci, że masz za dużo biznesów i pracujesz nad zbyt wieloma projektami w tym samym czasie? Nie musisz kupować tych punktów widzenia. Możesz mieć to wszystko, osiągnąć sukces, potrafisz tego dokonać i możesz mieć tyle projektów i biznesów, ile tylko chcesz! Zaufaj mi, potrafisz! To ty kreujesz swoją rzeczywistość i ty kreujesz swój biznes.

Co znaczy dla ciebie biznes?

Kiedy prowadzę klasy Joy of Business, często zadaję uczestnikom pytania takie jak te: „Co dla ciebie znaczy biznes?" albo: „Jak wygląda biznes według ciebie?". Mówię im: „Nie myślcie nad swoimi odpowiedziami, proszę. Po prostu wypowiedzcie je, nawet, jeśli wydają się być szalone. To są właśnie punkty widzenia, które was oganiczają".

Niedawno zapytałam podczas klasy:

– Co by się stało, gdybyś zaczął robić pieniądze?

– Zrobiłabym się zrzędliwa jak cholera – odpowiedziała jedna kobieta – i chciałabym mordować ludzi.

– Ja byłbym jak ten wysoki mak i to mnie przeraża – powiedział ktoś inny. – Boję się, że ktoś odstrzeliłby mi głowę.

– Ja byłbym wolny! – wykrzyknął ktoś jeszcze.

Ta ostatnia osoba zdecydowała, że pieniądze dałyby jej w życiu wolność – ale jeśli my już jesteśmy wolni? Gdy padają te wszystkie odpowiedzi, proszę ludzi, aby je zniszczyli i odkreowali. To potrafi wykreować wielkie zmiany oraz dać ludziom więcej świadomości zarówno w biznesie, jak i w całym życiu.

Wypróbuj to dla siebie. Zapisz swoje odpowiedzi na następujące pytanie:
Co dla ciebie znaczy biznes?
1 ....
2 ....
3 ....
4 ....
5 ....
6 ....

Teraz, używając oświadczenia oczyszczającego, zniszcz i odkreuj swoje odpowiedzi:

Wszystko, co się pod tym kryje, czy teraz zechcesz to zniszczyć i odkreować, razy sam Bóg wie, ile razy? Zgoda niezgoda, dobrze źle, POC i POD, wszystkie dziewięć, w skrócie, ponad, nuklearne sfery.

Kim tutaj jestem?

Pewnego dnia, podczas robienia tego ćwiczenia, jedna kobieta powiedziała:

– Właśnie zdałam sobie sprawę, że większość punktów widzenia, które wyraziłam, nie jest moja. One należą do mojego taty.

Widzę w sobie swojego ojca. Nie wiem, jak się od niego oddzielić.

– Czy chodzi o to, że nie wiesz, jak się od niego oddzielić – spytałam – czy o to, że nie chciałaś do tej pory wiedzieć, kim naprawdę jesteś? Jeśli już wiesz, że wiele punktów widzenia, które masz na temat biznesu i pieniędzy należy do twojego taty, kiedykolwiek masz do czynienia z biznesem lub pieniędzmi, pytaj:

- *Kim ja tutaj jestem?*

Znam osobę, która zrobiła to ze swoją mamą. Czuła, że nigdy nie chciała być taka, jak jej matka i – o ironio – stała się dokładnie taka, jak ona. Używała tego pytania dzień za dniem. Cokolwiek robiła, zadawała to pytanie: „Kim jestem? O! Jestem moją mamą". Niszczyła to i odkreowywała, żądając zmiany. I wszystko się zmieniło. Powiedziała kiedyś: „Już więcej nie kupuję punktów widzenia mojej mamy na temat tego, kim powinnam być i co powinnam robić, co powinnam mieć i co tworzyć".

Kiedy zaznaczasz: „Nie chcę robić biznesu tak, jak to robił mój ojciec", tak naprawdę prosisz się o sytuację, której nie chcesz. To dlatego, że słowo *chcieć* pierwotnie oznaczało *brak*. Tak naprawdę mówisz więc: „Nie odczuwam braku robienia biznesu jak mój ojciec" albo: „Mam mnóstwo robienia biznesu jak mój ojciec". Twoje słowa kreują twoją rzeczywistość. Jeśli wciąż powtarzasz, że czegoś nie *chcesz*, zgadnij co się stanie? Właśnie to kreujesz! Zamiast tego proponuję ci zadać pytanie: „Kim tutaj jestem?" i gdy zdasz sobie sprawę, że kupujesz punkty widzenia swojego ojca lub kogokolwiek innego, zniszcz to i odkreuj.

Praktykuj wybieranie dla siebie

Praktytkuj wybieranie dla siebie. Zacznij od małych rzeczy. Pytaj:

- *Czy jest cokolwiek, co wybieram dla kogoś innego, zamiast dla siebie?*
- *Prawda, co chciałbym tutaj wybrać?*
- *Prawda, czy ten wybór jest dla mnie lekkością?*

Jak wyglądałoby twoje życie i twój biznes, gdybyś naprawdę wybierał dla siebie? Mówię o świadomości we wszystkim: w biznesie i w codziennym życiu. Czy ograniczasz swoje życie, swoją rzeczywistość i swój biznes z powodu punktów widzenia innych ludzi? Czy nadszedł już czas, by to zmienić i odkryć, co będzie pracować dla ciebie? Witaj u bram przygody życia, jaką jest robienie biznesu!

Do kogo to należy? Czy to należy do mnie?

Pytania: „Do kogo to należy?" oraz „Czy to jest moje?" zapraszają cię, byś uświadomił sobie, że emocje, które odczuwasz i myśli, które masz, nie zawsze należą do ciebie. Nie sposób podkreślić wystarczająco mocno wagi tych pytań. Dlaczego? Ponieważ aż 99% myśli, uczuć i emocji, które masz, nie należy do ciebie.

Pewnego dnia, zatrzymałam się u znajomych w Melbourne, gdzie miałam prowadzić klasy Access Consciousness®. Był poniedziałkowy poranek. Odwlekałam bez końca moment wstania z łóżka myśląc: „Nie mogę uwierzyć, że muszę iść do pracy, muszę zrobić to, muszę zrobić tamto. Muszę znowu jechać tym pociągiem". W tej sekundzie dotarło do mnie: „Chwileczkę! Ja nie jadę dzisiaj nigdzie żadnym pociągiem". Użyłam wtedy narzędzia Access:

- *Do kogo to należy?*

Zdałam sobie sprawę, że tamte myśli, uczucia i emocje nie były nawet moje. Należały do każdej jednej osoby, która w tamten poniedziałkowy poranek w Melbourne drżała na myśl o pójściu do pracy. Gdy tylko zadałam to pytanie, wróciła do mnie świadomość, że uwielbiam to, co robię. Od razu miałam więcej eregii i większe poczucie samej siebie, oraz radości i lekkości, którą jestem.

Jeśli wchodzisz na spotkanie i czujesz podenerwowanie, zmartwienie lub jakikolwiek dyskomfort, zapytaj: „Do kogo to należy?". To wszystko może należeć do dyrektora naczelnego, który siedzi u szczytu stołu albo do któregoś z członków zarządu. Może też należeć do kolegi, który siedzi obok ciebie. Tak naprawdę, nie musisz wiedzieć do kogo. Jedyne, czego potrzebujesz, to świadomość, że to nie jest twoje, bo – jak powiedziałam wcześniej – 99% myśli, uczuć i emocji, które masz, nie jest twoje.

Oto ćwiczenie zmieniające życie. Przez kolejne trzy dni, do każdej myśli, uczucia i emocji, jakie się pojawią, zadaj pytanie: Do kogo to należy?

Kiedy zadasz to pytanie, możesz poczuć, jak wszystko się zmienia i pojawia się więcej lekkości. Oznacza to, że te myśli, uczucia i emocje od początku nie należały do ciebie. Gdy to się dzieje, uzyskujesz coraz więcej świadomości tego, co naprawdę chciałbyś generować i kreować w swoim biznesie i w swoim życiu. To, co jest dla ciebie lekkością, jest prawdą. To, co odczuwasz, jako ciężar, jest kłamstwem.

Gdy wybierasz dla siebie,
ukazuje się to, co jest jeszcze wspanialsze.

Rozdział 20

WYBIERAJ ŚWIADOMOŚĆ – NIE SEKRETNE PLANY

Ukryte zamiary są podejmowanymi przez nas decyzjami lub konkluzjami, z których kognitywnie nie zdajemy sobie sprawy. Mogłeś na przykład zrobić coś w swoim biznesie i zaraz potem zdecydować: „Nigdy więcej tego nie zrobię!". Może kiedyś pracowałeś w jakiejś branży i wysnułeś konkluzję: „To robi się tak. Biznes musi wyglądać właśnie tak". Te stwierdzenia stają się sekretnymi nieuświadomionymi planami. Mogłeś podjąć te decyzje w swoim życiu dużo wcześniej, ale częstokroć miało to miejsce w poprzednich żywotach.

Dla przykładu, wyobraź sobie, że w poprzednim życiu byłeś artystą malarzem. Uwielbiałeś tworzenie swoich obrazów, ale nigdy nie starczało ci pieniędzy, żeby przetrwać. Z tego powodu twoje życie zamieniło się w koszmar, więc postanowiłeś już nigdy więcej nie mieć nic wspólnego ze sztuką, uznawszy, że nie da się z niej utrzymać.

A może w ostatnim żywocie twoja artystyczna działalność otrzymywała niesamowite finansowe wsparcie i zdecydowałeś: „To mi się udało. Zamierzam zrobić to jeszcze raz!". W tym życiu jednak, choć kreujesz wszystko w podobny sposób i oczekujesz pojawienia się funduszy, nic takiego się nie dzieje, czego zupełnie nie możesz zrozumieć. Zaczynasz się zastanawiać: „Hej, gdzie są środki finansowe? Robię to, co wcześniej, ale nie nadchodzi finansowe wsparcie. O co tutaj chodzi?". I kiedy ono wciąż nie nadchodzi, co robisz? Zaczynasz się za to osądzać.

Może być również tak, że jesteś właścicielem biznesu, ale powiedziano ci, że nie powinnaś tego robić, bo jesteś kobietą. Marzysz o swojej własnej firmie, ale nie jesteś w stanie wystartować. Co cie wstrzymuje? Nie uświadamiasz sobie tego, ale kupiłaś skierowane do ciebie osądy i projekcje, po czym zdecydowałaś, że kobiety nie mogą osiągnąć sukcesu w biznesie. Innymi słowy, masz już swój sekretny plan. Może pochodzi on z najwcześniejszych lat twojego obecnego, a może przeszłego życia. To nie ma znaczenia. Sekretne plany ograniczają nas, a my tak dobrze je ukryliśmy przed sobą, że sami nie wiemy, czym one są. Na szczęście, można łatwo się z nimi uporać, jeśli tylko zechcesz je zniszczyć i odkreować.

Jaki jest twój sekretny plan?

Jeśli coś nie działa w twoim biznesie, zapytaj, czy jest tu gdzieś jakiś sekretny, nieuświadomiony plan (lub konkluzja albo osąd).

> *Jaki wykreowałem sekretny plan, który utrzymuje w istnieniu wszystko, czego nie mogę zmienić, wybrać lub ustanowić? Wszystko, co się pod tym kryje, razy sam Bóg wie, ile razy, niszczę i odkreuję. Zgoda niezgoda, dobrze źle, POC i POD, wszystkie dziewięć, w skrócie, ponad, nuklearne sfery.*

*Tym, który może zmienić sekretny plan, jesteś ty sam.
To twój wybór. Nikt nie może zrobić tego za ciebie.*

Sekretne plany w twoim biznesie

Czasami właściciele biznesów nie są chętni, by zatrudniać innych ludzi lub dobierać sobie partnerów biznesowych, gdyż martwią się o potencjalne nieporozumienia, konflikty lub problemy. Czy też się tym przejmowałeś? Obawiałeś się o to, jakie będziesz miał relacje z takimi osobami? Może nie będzie wam się dobrze współpracować? Co będzie, jeśli ta osoba ma jakiś sekretny plan, który będzie się gryzł z twoim sekretnym planem?

Jeśli masz biznes, musisz dowiedzieć się, czy masz taki sekretny plan. Zapytaj:

+ *Jaki jest mój sekretny plan związany z moim biznesem?*

I jeśli są jeszcze inni ludzie w twoim biznesie (lub rozważasz współpracę z kimś jeszcze), sugeruję dowiedzieć się także, czy i oni mają takie sekretne plany. Zadaj więc takie pytania:

+ *Jakie on lub ona ma sekretne plany względem mnie?*
+ *Jakie są jego lub jej sekretne plany dotyczące biznesu?*

Nie musisz wciągać tych osób do dyskusji. To tylko informacja, jakiej potrzebujesz. Ja zadaję te pytania, kiedy chcę mieć więcej świadomości w kontaktach z ludźmi, z którymi pracuję. Używanie oświadczenia odreowującego na końcu każdego pytania sprawi, że uzyskasz jeszcze więcej świadomości i klarowności potrzebnej w wyborach, jakich dokonujesz.

Dla przykładu, możesz nagle odkryć, że twoja partnerka biznesowa chce stać się popularną kobietą biznesu. Tego właśnie teraz chce. Jeśli jej sekretny plan jest korzystny także dla ciebie, będzie to wsparciem dla całej firmy. Wtedy możesz zapytać: „Jak ja mogę przyczynić się do tego, żeby ona stała się znaną businesswoman?". Gdyby została ona nominowana na businesswoman roku, mogłabyś powiedzieć: „Doskonale! Jakim mogę być tutaj wsparciem?". Jeśli jednak zamierzasz być zazdrosną demoniczną suką prosto z piekła, powiesz: „Jak to się stało, że to nie *ja* zostałam nominowana? Ten tytuł mnie się należy!". Co by to wykreowało? Zamiast budować twój biznes, zaczęłoby go niszczyć. Jeśli wspieranie sekretnych planów twojego partnera w biznesie będzie wkładem dla całego biznesu, wtedy i ty i twój partner odniesiecie sukces.

Powiedzmy, że twój biznesowy partner jest niesamowitym łącznikiem i chciałby zostać gwiazdą. Chciałby być naprawdę sławny. Sprawdź, czy będzie to wkładem dla twojego biznesu. Może dzięki temu zyskasz wspaniałe kontakty, które pomogą twojemu biznesowi się rozwijać! Kiedy jesteś świadomy sekretnych planów innych ludzi, możesz pomóc im wprawić je w ruch, co będzie korzystne dla całej firmy. Po prostu zadaj pytanie:

+ *Jakim mogę być tutaj wkładem?*

Jeśli jednak sekretny plan twojego pracownika albo partnera biznesowego nie jest korzystny dla ciebie, sprawdź, czy będzie on jakimkolwiek wkładem dla twojego biznesu. Czy jego sekretny plan niszczy twoją firmę? Gdy to już wiesz, masz więcej świadomości i więcej informacji. Znasz jeden z jego mrocznych sekretów. Jeśli jego sekretny plan nie powoduje destrukcji, zapytaj: „Jak mogę go użyć?". Pewnie nie od razu będziesz mieć jasność jak to zrobić. Może pojawi się ona za miesiąc albo za rok. Pamiętaj jednak – im bardziej jesteś świadomy, tym więcej zdobędziesz informacji.

Czy masz z kimś konflikt?

Jeżeli jesteś w konflikcie, lub masz jakiś problem związany z osobą, z którą współpracujesz, może przydać ci się kilka pytań. Wszystko, cokolwiek się pojawi, gdy będziesz je zadawać od razu niszcz i odkreuj. Oto one:

- *Jakie sekretne plany mam względem _____?*
- *Jakie sekretne plany _____ ma względem mnie?*
- *Jakie sekretne plany ma _____ względem (nazwa twojego biznesu)?*
- *Jakie sekretne plany ja mam względem _____ (nazwa twojego biznesu)?*

Sukces: Czy potrafisz skakać wyżej niż pchła?

Dawno temu, ktoś przeprowadził eksperyment z udziałem pcheł. Badacze umieścili pchły w przezroczystych szklanych pojemnikach. Pchły, próbując wyskoczyć, uderzały w szklane wieczko i spadały na dno pojemnika. Nie ważne, jak wysoko skakały, nie mogły się wydostać. Kiedy wreszcie badacze zdjęli z pojemników szklane wieczka, zaobserwowali, że pchły nadal skakały na tę samą wysokość. Nie mogły przekroczyć pewnego progu, choć istniała taka możliwość. Czy to nie interesujące? Czy też stworzyłeś sobie taki szklany sufit, którego nie chcesz przeskoczyć? Czy już zdecydowałeś: „Nie mogę odnieść większego sukcesu niż moi rodzice lub przyjaciele, albo moi bracia i siostry"? Albo coś lepszego: „To się nie może udać, ponieważ jestem kobietą albo mężczyzną, lub dlatego, że jestem zbyt młody albo za stary". Tym są sekretne plany, które utrzymują w istnieniu to, czego nie możesz zmienić.

Czy jest jakaś suma pieniędzy, która jest według ciebie zbyt niewygodna, żeby ją posiadać? To też jest sekretny plan. Czego wymagałaby od ciebie zmiana tego? Pewnego dnia, siedząc przy komputerze i płacąc moje rachunki, zauważyłam na moim rachunku bankowym, że po długach, które towarzyszyły mi przez długi czas, nie ma ani śladu. Moje karty kredytowe były spłacone, a zarówno na biznesowym, jak i na oszczędnościowym koncie, były pieniądze. Pomyślałam wtedy: „Acha, to tak to jest, jak nie ma się długów. Gdzie fanfary? Gdzie pochód powitalny?". Myślałam, że pozbycie się długów będzie niezwykłym wydarzeniem, ale nie było. To było po prostu: „Acha, mam teraz pieniądze. Nikomu nie jestem nic dłużna".

Około miesiąca później, gdy spojrzałam na moje konta, znów byłam w długach. Zapytałam: „Co się tutaj stało?". Zrozumiałam, że dużo wygodniejsze dla mnie było mieć długi, niż mieć pieniądze. Szklane wieczko zostało zdjęte z mojego pojemnika, ale wciąż nie wyskakiwałam na zewnątrz. Dopiero poprzez zadawanie pytań i używanie oświadczenia odkreowującego, wybrałam coś innego. Zażądałam zmiany: „Wszystko jedno jak, zamierzam mieć pieniądze na moim rachunku bankowym. Będę mieć dużo więcej pieniędzy, niż kiedykolwiek myślałam, że jest możliwe".

I zaczęło się to ukazywać.

Spójrz teraz na swoje życie i pieniądze, które masz – lub pieniądze, których nie masz. Ile razy odkrywasz, że masz więcej opłat niż pieniędzy? Czy nigdy nie jest wystarczająco dużo? Czy funkcjonujesz w oparciu o jakiś sekretny plan? Czy zawarłeś jakąś umowę z kimś z twojego otoczenia, z tymi wszystkimi ludźmi, którzy zaciągają kredyty hipoteczne, pożyczki na swoje biznesy i zadłużają swoje karty kredytowe? Czy jesteś wtedy normalny, przeciętny i prawdziwy? Czy czujesz się bardziej komfortowo będąc taki sam, jak wszyscy inni, zamiast wyskoczyć z tego szklanego pudełka? Czy zechciałbyś być inny – taki, jaki naprawdę jesteś i zacząć funkcjonować z przestrzeni totalnej świadomości?

Jeśli jesteś gotów funkcjonować z przestrzeni totalnej świadomości, twój biznes się zmieni.

Rozdział 21

CZEGO WYMAGAJĄ LUDZIE?

W czasach, kiedy kupowałam towary w Indiach, często stawałam wobec wyzwania, jakim było bycie kobietą w biznesie. Wielu mężczyzn w Indiach nie czuło się zbyt komfortowo prowadząc interesy z kobietą i czasami mówili najdziwniejsze rzeczy. Byli bardziej niż pewni, że nigdy nie uda mi się osiągnąć sukcesu, a o białych kobietach często myśleli, że są ... hmmm – powiedzmy – „łatwe", ponieważ uprawiają przedmałżeński seks. Zwracałam więc uwagę na to, co było niezbędne, żeby móc z nimi prowadzić interesy. Uważałam na to, w co się ubieram, co mówię i w jaki sposób załatwiam biznesowe sprawy. Kiedy zdali sobie sprawę, że byłam tą, która ma pieniądze i chce kupować od nich towar, przełykali swoją dumę i obchodzili się ze mną bardzo grzecznie, częstując mnie filiżankami najsłodszej na świecie herbaty. W efekcie końcowym, nasze układy były poprawne. Byłam gotowa dostrzegać wszystko, czego wymagali i to dostarczać. Nie było w tym ani oporu, ani reakcji, lecz świadomość i wiedzenie, że otrzymam to, czego potrzebuję. To wszystko jest częścią manipulacji i zabawy, jaką jest bycie radością biznesu.

Mężczyzn, dla których nie jest komfortem współpraca z kobietami, spotykam czasami także w Australii i w Stanach. Nie mam na ten temat żadnego punktu widzenia. Jeśli mężczyzna nie czuje się komfortowo robiąc ze mną interesy, ponieważ jestem kobietą, jestem gotowa zrobić cokolwiek, aby było to dla niego łatwiejsze. Chodzi tu o odkrywanie, czego wymagają inni ludzie. Jakiś czas temu, pojechałam do Los Angeles na biznesowe spotkanie razem ze wspólnikiem, który zajmuje się udzielaniem kredytów w sektorze prywatnym. Mężczyzna, z którym się spotkaliśmy, podczas rozmowy trzy razy wspomniał, że nie ma nic przeciwko robieniu interesów z kobietą. Po spotkaniu zwróciłam się do mojego wspólnika:

– Zauważyłeś, że ten facet nie przepada za robieniem interesów z kobietami?

– Nie – odpowiedział. – Nic takiego nie zauważyłem.

– Jeśli nie masz nic przeciwko kobietom w biznesie, nie musisz tego powtarzać aż trzy razy – wyjaśniłam. – W ogóle nie musisz o tym mówić! W porządku. Mamy tutaj przewagę. I użyjemy jej. Od teraz, on będzie twoim kontaktem.

Jakie są zasady etykiety

Dobrze jest wiedzieć, czego wymagają od ciebie twoje biznesowe kontakty, szczególnie, jeśli pracujesz w innych krajach i stykasz się z innymi kulturami. Bądź gotów spojrzeć na to, czego w biznesie wymagają ludzie oraz poszczególne kultury.

Niedawno, wspólnie z kolegą, spędziliśmy cały dzień na biznesowych spotkaniach w Korei. Nauczyłam się, że ludzie w Korei lubią kreować w biznesie bardzo przyjacielskie relacje. Lubią pracować z ludźmi, których uważają za przyjaciół, więc do każdego potencjalnego klienta podchodzą w sposób bardzo sympatyczny. Po naszym spotkaniu, natychmiast wysłałam do niego serdecznego maila, dziekując za spędzony wspólnie czas. Czy zależało mi na tym, żeby zostać przyjacielem tego mężczyzny? Nie. Jednak, jeśli on życzył sobie przyjacielskiej relacji biznesowej, mogłam to zapewnić. Koreańczycy lubią także krótsze, ale częstsze spotkania. Chcą spotykać się regularnie i podtrzymywać częste kontakty, więc i my byliśmy gotowi tak właśnie robić.

Podczas spotkania z naszym koreańskim klientem, kichnęłam. Mężczyzna spojrzał na mnie i uprzejmie powiedział: „Na zdrowie".

Podziękowałam, ale energia stała się nie do zniesienia. Pomyślałam: „Wow, co to za energia, która się tutaj ukazała?".

Mój kolega robił w Korei wiele interesów, więc po spotkaniu spytałam go:

– Co się stało?

– W Korei nie powinno się kichać w miejscu publicznym – wyjaśnił.

– Więc jak tam się kicha? – spytałam.

– Po prostu tego nie robisz – odpowiedział. – Jest to uważane za coś bardzo niegrzecznego.

Dlatego musisz poznać zasady etykiety w miejscach, gdzie prowadzisz biznes. Etykieta i standardy zachowania różnią się ogromnie w zależności od kraju. W Indiach, na przykład, możesz splunąć na ulicy, a w Singapurze zapłacisz za to 200 dolarów grzywny. Francuzi i Włosi witają się całując się nawzajem w oba policzki. Brytyjczycy i Amerykanie wolą raczej uścisk dłoni. Japończycy witają się skinięciem głowy. Najłatwiejszym sposobem, żeby wiedzieć więcej na ten temat jest zadawanie pytań:

- *Czego ci ludzie ode mnie wymagają?*

- *W jaki sposób mogę honorować ich, a oni mnie?*
- *Jakim mogę być tutaj wkładem, aby mogła zaistnieć dobra biznesowa relacja?*

Pewnego razu w Indiach, brałam udział w biznesowym spotkaniu dla około 12 osób, gdzie serwowano herbatę, która zupełnie mi nie smakowała. Nie można tak po prostu powiedzieć: „Dziękuję, nie mam ochoty na żadną herbatę". Można ją tylko zaakceptować. Próbowałam poradzić sobie z tą sytuacją pijąc herbatę bardzo szybko i zagryzając ją słodkościami, które podali. Nie zdając sobie z tego sprawy, takim zachowaniem sygnalizowałam, że herbata bardzo mi smakuje i proszę o więcej, więc moja filiżanka natychmiast była uzupełniana. Szkoda, że nie zapoznałam się z protokołem, z którego dowiedziałabym się, że herbatę należy popijać powoli! Powinnam była zapytać: „Co jest tutaj wymagane?".

Jeden z moich dostawców w Nepalu zorganizował pewnego razu wystawny obiad, którym chciał mnie uhonorować. Zarżnięto kozę, przecięto jej gardziel, a spływająca krew została zebrana do misy. (W tamtym czasie byłam raczej wegetarianką.) Za najsmaczniejszą część kozy uważa się jej tłuszcz, więc smażone kawałki koziego tłuszczu wkładano do miseczek z mlekiem – prosto od kozy. Pomyślałam sobie: „O nie, to chyba jakiś żart!". Ponieważ nie chciałam pokazać, że nie honoruję gospodarza i jego darów, musiałam je przyjąć. Wypiłam ciepłe mleko i zjadłam kozi tłuszcz. Całe wydarzenie zostało sfilmowane przez mojego znajomego, który podróżował ze mną w tamtym czasie. Musiał mieć niezły ubaw, bo wiedział doskonale, co chodziło mi po głowie. Niemniej jednak, moim zdaniem, uczenie się tego, co jest wymagane w różnych kulturach, to część przygody, radości życia i biznesu.

Jak powienieneś się ubierać?

Odkrywanie tego, co jest wymagane, dotyczy także sposobu ubierania się. Na każdym spotkaniu biznesowym, nie ważne gdzie się ono odbywa, są pewne oczekiwania związane z tym, w co powienieneś być ubrany. Jakie są wymagania, żeby wykreować taki osąd ciebie, który sprawi, że wszyscy będą chcieli otrzymać ciebie i twój biznes? Choć zwyczaje obecnie się zmieniają, gdy prowadziłam interesy w Indiach, kobiety na przykład, nie pokazywały swoich ramion, kolan i łokci. Zdecydowanie nie pokazywały dekoltu, ale swobodnie mogły pokazać brzuch. Zawsze zwracałam uwagę na te zwyczaje i oczekiwania.

Zanim wybierzesz się na spotkanie biznesowe, nawet jeśli odbywa się ono w kraju zachodnim, gdzie wydaje ci się, że wiesz, jak się ubrać, zdobądź informacje na temat kultury panującej w firmie. Jak ludzie się ubierają? Co jest wymagane? Czy trzeba założyć buty na obcasie? Czy wymagany jest garnitur i krawat? Czy zakłada się diamenty i perły? Słyszałam kiedyś, że w jednych z australijskich linii lotniczych, podczas rozmów kwalifikacyjnych, kobiety ubiegające się o stanowisko hostessy musiały stawać i powoli się obracać, a prowadzący rozmowę przyglądali się obcasom ich butów. Uważali, że jeśli obcasy są zadbane i nie są zdarte, oznacza to, że dana osoba o siebie dba. Jest więc dobrym kandydatem do tej pracy. Pozornie małe rzeczy, takie jak ta, mogą mieć ogromny wpływ na twoje kontakty z innymi ludźmi. Gdziekolwiek idziesz, kluczową rzeczą jest dowiedzieć się, co jest wymagane, gdyż to będzie kreować i generować sukces dla ciebie i twojego biznesu.

Kreuj energetyczne połączenie z ludźmi
i utrzymuj to połączenie.

Rozdział 22

MANIPULACJA ZA POMOCĄ ENERGII

Na moich klasach Joy of Business, zadaję czasem pytanie: „Jak wielu z was zajmuje się sprzedażą jakiegokolwiek rodzaju?". Gdy pewna grupa osób unosi ręce, mówię: „Wszyscy powinniście podnieść ręce do góry, ponieważ każdy biznes ma do czynienia ze sprzedażą i kreowaniem połączeń pomiędzy ludźmi". Twój biznes, wszystko jedno czym jest, opiera się na połączeniach między ludźmi i sprzedaży twoich produktów lub usług.

Przepływy energii

Jednym z narzędzi, jakich możesz użyć, żeby połączyć się z ludźmi, zdobyć więcej klientów i powiększyć sprzedaż, jest używanie przepływów energii. To sposób energetycznego docierania do ludzi i sprawiania, że zaczynają się interesować tobą, twoim produktem lub usługą.

Oto, jak ich używać:
- Uchwyć energię twojego biznesu, projektu, produktu, usługi, lub czegokolwiek, co chciałbyś rozszerzyć.
- Pamiętaj: Ty tym nie jesteś! To odrębne istnienie.
- Pociągnij ogromne ilości energii do twojego biznesu. Jak to się robi? Po prostu to zrób!
- Następnie pociągnij ogromne ilości energii od wszystkich ludzi z całego świata do twojego biznesu i cały czas ciągnij energię od każdego, kto go szuka i od każdego, kto nie jest nawet świadomy, że go szuka. Nie przestawaj ciągnąć energii.
- Teraz poproś swój biznes, żeby wyrównał przepływ, wysyłając małą stróżkę energii to wszystkich na całym świecie.
- Poproś swój biznes, żeby pokazał ci pieniądze. Proś, aby pojawili się klienci, i żeby twój biznes się rozwijał.

Jeśli myślisz, że nie wiesz, o czym mówię, prosząc cię, żebyś pociągnął energię, przyjrzyj się damsko-męskim relacjom. Czy zauważyłeś, że chłopak, kiedy jest zainteresowany dziewczyną, zazwyczaj pcha swoją energię w jej kierunku? Kiedy natomiast dziewczyna jest zainteresowana chłopakiem, najczęściej ciągnie enegię od niego. To takie proste.

Pracowałam kiedyś z Włochem, który miał swoją winnicę. Chciał, żeby więcej producentów win dowiedziało się o jego produkcie. Wyjaśniłam mu, jak używać przepływów energii w taki sposób: „Uchwyć energię dojrzewających winogron i przepysznego wina, które z nich powstanie. Teraz ciągnij energię z całego świata do twojej winnicy. Gdy zauważysz, że to się dzieje, poproś twoją winnicę, żeby wysłała cienkie stróżki energii do każdego, kto mógłby być wsparciem dla ciebie, dla winnicy i twojego biznesu.

Ciągniesz energię w ten sam sposób, gdy oferujesz jakąś usługę. Powiedzmy, że jesteś masażystką. Uchwyć energię pielęgnacji i troski, którą zapraszasz dla ciał, z którymi pracujesz. Teraz pociągnij tę energią z całego świata do twojego biznesu i poproś go, żeby zaprosił klientów, którzy chcą doświadczyć troski i pielęgnacji.

Możesz także używać przepływów energii, żeby zwrócić na siebie uwagę innych ludzi. Użyj ich, gdy wybierasz się na spotkanie z potencjalnymi klientami, kiedy idziesz cokolwiek negocjować, lub kiedy wybierasz się na przesłuchanie. Przypuśćmy, że zamierzasz przedstawić swoją propozycję jakiejś firmie. Z samego rana w dniu spotkania, gdy tylko się obudzisz, zacznij ciągnąć ogromne ilości energii od każdego, kto ma się tam pojawić, wszystko jedno, czy będą to dyrektorzy, menadżerowie, czy sam dyrektor generalny. Nie musisz wiedzieć, kim są ci ludzie. Kiedy ciągniesz od nich energię, kreuje to w nich poczucie zaufania. Potem, kiedy pojawiasz się w drzwiach, mają wrażenie, że już cię znają. Ty rządzisz. Masz ich uwagę. Już wykreowałeś z nimi połączenie.

Przepływy energii przydają się także, gdy twój klient spóźnia sie z opłaceniem rachunku. Kiedy ciągniesz energię od ludzi, którzy są ci winni pieniądze, nagle nie będą w stanie wyrzucić ciebie ze swojej głowy. Bardzo szybko prześlą ci czek na kwotę, jaką są ci dłużni. Czy przepływy energii są manipulacją? Tak, są nią. Jeśli nie chcesz manipulować za pomocą energii, skończysz jako ten, którym się manipuluje.

Przyglądając się energii tego, co jest wymagane

Sprzedaż, negocjacje kontraktu, czy finalizowanie umów, często zależą od tego, w jaki sposób radzisz sobie z energią. Czy słyszałeś o niemożliwym do powstrzymania brytyjskim przedsiębiorcy o imieniu Richard Branson? Jest właścicielem ponad 400 firm, w tym Virgin Records i Virgin Atlantic Airways. Jest także zaangażowany w wiele różnych projektów humanitarnych i poświęconych środowisku naturalnemu na całym świecie. Napisał także kilka wspaniałych książek. W swojej autobiografii pt.: *Losing My Virginity*, Branson powiedział: „Moje zainteresowanie życiem zaczęło się, gdy postawiłem przed sobą ogromne, rzekomo nieosiągalne wyzwania i próbowałem wznieść się ponad nie".

Branson przygląda się energii potencjalnych projektów i biznesów, a kiedy wie, że coś jest możliwe, po prostu odmawia zaakceptowania odpowiedzi brzmiącej *nie*. Nawet na sekundę nie kupuje *nie*. Nie jest ani rozczarowany, ani powtrzymany przez *nie*. Jednocześnie nie koncentruje się na rezultacie. Kiedy Branson słyszy *nie*, znów zadaje pytanie. I jeszcze raz. On także zadaje sobie pytania: „Co mogę zrobić inaczej?" albo „Czego ode mnie oczekują, żebym usłyszał *tak*?". Takim podejściem także powinniśmy zacząć się bawić.

Co takiego więc robi Branson? On żyje w pytaniu. Nie skupia sie na efekcie. Jest gotowy, żeby być sławnym, jest gotowy być bogatym, jest gotowy, żeby być biednym, jest gotowy na każdy osąd i jest gotowy odnieść porażkę – i jest gotowy mieć z tym wszystkim niesamowitą zabawę. On żyje radością biznesu.

Jak dla ciebie wyglądałaby radość biznesu?

Rozdział 23

CZY ROBISZ BIZNES JAKO MĘŻCZYZNA CZY JAKO KOBIETA?

Są dwa zupełnie odmienne style prowadzenia biznesu: męski i kobiecy. Nie ma znaczenia, w jakim jesteśmy ciele. Często mężczyzna zajmuje się biznesem jak kobieta, lub odwrotnie. Męski styl jest bezpośredni. Mężczyzna zmierza prosto do konkretów, chcąc dać lub otrzymać informację. Powie tylko: „Bla, bla, bla" i załatwione. Kobiety mówią o rzeczach trochę dłużej. Będą chciały przedyskutować, jak wszystko ma funkcjonować i jakie mają odczucia związane z danym projektem. Będą pytać: „Co o tym sądzisz?" i same uwielbiają, gdy zadaje im się to pytanie.

Pewnego dnia, gdy pisałam biznesowego maila, Gary zerknął przez moje ramię i spytał:

– Do kogo wysyłasz tego maila? Do kobiety czy do mężczyzny?

– Do kobiety – odpowiedziałam.

– Traktujesz ją jak mężczyznę – zauważył. – Podajesz jej wyłącznie informacje, jakich potrzebuje. Tak funkcjonują mężczyźni. Oni chcą wiedzieć tylko: „Możemy to zrobić, czy nie?". Z kobietami musisz komunikować się inaczej. One lubią więcej dyskutować.

Ja raczej zajmuję się biznesem jak mężczyzna i czasami zdarza mi się wdać w jakiś konflikt lub kogoś urazić. Nie mogę wtedy wyjść ze zdziwienia i pytam: „Co się tutaj wydarzyło?". Potem zdaję sobie sprawę, że potraktowałam kogoś jak mężczyzna, podczas gdy ten człowiek chciał robić interesy jak kobieta. Wtedy wracam do takiej osoby, pytam co u niej słychać, jak spędziła weekend, albo jakie ma odczucia w związku z projektem, nad którym pracujemy. Wszystko natychmiast się zmienia. Jak ty lubisz prowadzić biznes? Wolisz styl męski czy kobiecy? Popatrz na ludzi, z którymi współpracujesz. Czy oni robią biznes jak mężczyźni czy jak kobiety? To nie jest osąd. Nie ma w tym nic dobrego ani złego. To tylko informacja dla twojej świadomości, abyś mógł kreować i generować biznes z jeszcze większą lekkością i radością.

Czy jesteś kobietą w biznesie? Nie musisz od razu być suką!

Czy jesteś kobietą w biznesie? Czy miałaś kiedyś taką myśl, że musisz robić biznes będąc wielką twardą businesswoman? Czasami kobiety myślą, że muszą stać się demonicznymi sukami prosto z piekła, żeby odnieść w biznesie sukces. Nie ma to nic wspólnego z prawdą! Kobiety potrafią być wspaniałymi manipulatorkami w biznesie. Potrafią sprawiać, że wszystko kręci się tak, jak sobie tego życzą i swymi pomysłami i planami pociągają wszystkich za sobą. Często nie zdają sobie z tego sprawy i uważają, że muszą stać się wredne i niedobre, żeby wszystko poszło po ich myśli. Nie muszą tego robić. Kiedy obserwuję, jak kobiety funkcjonują robiąc wrażenie twardych i nieustępliwych, zadaję im pytanie: „Czy wiesz, o ile wszystko stałoby się prostsze, gdybyś użyła odrobinę manipulacji?". Według niektórych ludzi manipulacja oznacza przebiegłe, a nawet oszukańcze działania, co oczywiście może być częścią jej definicji. Ale może ona także oznaczać radzenie sobie z sytuacjami z lekkością, w zręczny i pomysłowy sposób. I to jest to, o czym mówię.

Zapytałam kiedyś pewnego faceta, czy mógłby wyświadczyć mi przysługę. Uniosłam odrobinę głowę, spojrzałam na niego lekko z boku i zatrzepotałam rzęsami, a on powiedział: „Oczywiście! Zrobiłbym dla ciebie wszystko, szczególnie, gdy patrzysz na mnie w ten sposób". Wiecie co, drogie panie? Możecie to robić w biznesie. Nawet jeśli mężczyźni wiedzą, że nimi manipulujecie, to wciąż działa. Wszystko może wam wtedy ujść na sucho. I to jest zabawa! (Panowie, wy też możecie tego spróbować.)

Niedawno, pewna kobieta opowiedziała mi o swoim spotkaniu z dwoma mężczyznami. Spotkanie toczyło się zupełnie nie po jej myśli i nagle zdała sobie sprawę, że opiera się temu, by zagrać rolę, jaką powinna zagrać jako kobieta, która chce osiągnąć swój cel. Miała do czynienia z bystrymi, inteligentnymi facetami. Jeden był naukowcem, drugi producentem. Pomyślała: „Mogę choć odrobinę zwrócić ich uwagę na mój dekolt i stać się stuprocentową kobietą, którą jestem – i dostać to, czego chcę". Skrawek dekoltu i przeciąganie energii, absolutnie! To był pierwszy raz, gdy zobaczyła, jak prosto jest dostać to, czego się pragnie.

Jesteś mężczyzną w biznesie? Nie musisz być wodzem naczelnym!

Wielu mężczyzn w biznesie zostało nauczonych, że muszą objąć stanowisko wodza naczelnego. Społeczeństwo zmusza mężczyznę, by stał się Mężczyzną Znającym Wszystkie Odpowiedzi, więc myśli on, że musi być autorytetem przez cały czas. Przez ostatnie 2000 lat, mężczyźni uczyli się, jak wydawać rozkazy i jak je wypełniać. Mężczyzna, który wypełniał rozkazy, z chwilą, gdy staje się autorytetem, próbuje zmusić wszystkich innych, by także wypełniali rozkazy, ponieważ tak było w jego przypadku. Tacy mężczyźni podejmują decyzje w sposób despotyczny i oczekują, że ludzie będą wykonywać to, co zostało im nakazane. Problem w takim podejściu polega na tym, że w dziesiejszych czasach niewielu ludzi chce ślepo za kimś podążać. Poza tym, nie potrzebujesz przecież ślepych zwolenników. Prosisz o ludzi, którzy mają być wkładem. Prawdziwi przedsiębiorcy – ludzie, których działania naprawdę przynoszą efekt – mają w swoich wszechświatach więcej pytań. Podchodzą raczej tak: „Co ta osoba wie i jakim może być tutaj wkładem?".

Wszędzie tam, gdzie nie chciałeś mieć lekkości i radości bycia kobietą lub mężczyzną w biznesie, czy teraz to zniszczysz i odkreujesz, razy sam Bóg wie, ile razy? Zgoda niezgoda, dobrze źle, POC i POD, wszystkie dziewięć, w skrócie, ponad, nuklearne sfery.

Tak naprawdę nie jesteśmy ani mężczyznami, ani kobietami: Jesteśmy nieograniczonymi istnieniami!

Rozumienie, w jaki sposób mężczyźni i kobiety radzą sobie w biznesie, jest wspaniałym narzędziem. To jest zabawa. Pozwala ci zobaczyć, co jest wymagane podczas robienia interesów z ludźmi. Nie pozwól jednak, by ten punkt widzenia stał się dla ciebie ograniczeniem, ponieważ w biznesie nie jesteś ani mężczyzną, ani kobietą. Jesteś nieograniczonym istnieniem!

Czy robisz biznes jako mężczyzna czy jako kobieta?

Jeśli ograniczysz się w działaniach biznesowych do bycia kobietą lub mężczyzną, tak naprawdę, nie będziesz miał dostępu do tej ogromnej przestrzeni możliwości, ponieważ w ten sposób ustanawiasz definicję tego, kim i czym jesteś ty oraz inni ludzie. Kiedy robisz biznes jako kobieta lub jako mężczyzna, zaczyna w tym wszystkim chodzić o ciebie, a nie o biznes. Proszę cię, byś skorzystał z tej informacji, aby pomóc sobie osiągnąć wszystko, czego potrzebujesz, nie nadając temu zbyt wielkiego znaczenia.

Każdy wybór, który podejmujesz w biznesie, powienien być dokonywany z przestrzeni Królestwa Nas. Jeśli nie jest, odcinasz wtedy możliwość wzrostu i zmiany, oraz ograniczasz to, co mógłbyś otrzymać od innych ludzi.

Prawdziwa moc Królestwa Nas to zdolność wybierania tego, co pracuje dla ciebie i wszystkich innych.

Rozdział 24

BĄDŹ SOBĄ I ZMIENIAJ ŚWIAT

Dla wielu ludzi biznes jest bardzo poważnym tematem. Często, kiedy wchodzę na salę, gdzie za chwilę ma się zacząć klasa Joy of Business, wszyscy są pełni powagi i nikt się nie uśmiecha. Tak, jakby mówili: „Teraz porozmawiamy o biznesie. To bardzo poważne. Czym się zajmiemy? Biznes planem? Finansami? Co się tutaj będzie działo?". Ich podejście do biznesu sprawia, że jest w tym temacie jakiś ciężar. Przestrzeń, jaką kreują do robienia biznesu, jest ciasna i nieruchoma, choć mogłaby być lekka i radosna. Generują wokół biznesu traumę i dramat, bo wtedy wydaje im się, że jest on bardziej „prawdziwy". Być może uważają, że jeśli coś jest lekkie i nie ma w sobie stałości, nie ma również wartości. To nie może być zabawa! A może jednak? (Ależ może!)

> *Wszędzie tam, gdzie nie chciałeś, by twój biznes był lekki, zabawny i radosny, prawda, czy teraz to zniszczysz i odkreujesz,*

razy sam Bóg wie, ile razy? Zgoda niezgoda, dobrze źle, POC i POD, wszystkie dziewięć, w skrócie, ponad, nuklearne sfery.

Być sobą

Jednym z najwspanialszych sposobów na to, żeby twój biznes był radosny i zabawny, żeby wyróżniał się w tłumie i odniósł szalony sukces, jest bycie sobą. Być sobą oznacza posiadanie własnej rzeczywistości, nie ważne jak ona wygląda. Oznacza to nie dostrajanie się do punktów widzenia innych. Kiedy ludzie kreują i generują biznes, często zaczynają odnosić się do tego, co inni osiągnęli w podobnych przesięwzięciach. Zamiast zwracać się ku temu, co sami wiedzą, patrzą na to, co już zostało zrobione, co odniosło sukces, a co było porażką.

Nasze podejście do biznesu w Good Vibes for You nie miało nic wspólnego z podążaniem za tym, co robią inni. Sposób, w jaki wykreowaliśmy naszą butelkowaną wodę, jest przykładem, co się może wydarzyć, gdy generujesz i kreujesz własny biznes w oparciu o to, co wiesz ty sam. Niedawno przedstawiliśmy propozycję rządowi w Queensland. Potrzebny był dostawca wody przy okazji projektu budowy eko-wiosek. Na początku zwrócili się oni do największych producentów wody. Nie doszło jednak do podpisania umów, których wymogi mogła spełnić jedynie firma przyjazna naturalnemu środowisku. Zwrócili się więc do innych firm. Złożyliśmy propozycję, która zawierała pytanie: „Czego wymaga od ciebie ta planeta?".

Kiedy pojawiliśmy się na spotkaniu z przedstawicielem projektu budowy eko-wiosek, spojrzał on na naszą propozycję, po czym spytał: „Czy mogę prosić o chwilę cierpliwości? Chciałbym pokazać tę propozycję reszcie zarządu". Chwilę później wrócił i powiedział: „Właśnie rozmawiałem z zarządem. Nigdy nie spotkaliśmy firmy, która zadałaby takie pytanie: 'Czego ta planeta od ciebie oczekuje?'. Chcemy współpracować z waszą firmą. Czy podpiszecie tę umowę? Zapłacimy wam w ciągu 14 dni".

Kiedy do naszej propozycji dołączyliśmy pytanie, byliśmy gotowi na to, że potraktują nas jak szaleńców i odmieńców, oraz że nie dostaniemy tej roboty. Wybraliśmy jednak być sobą, bez względu na rezultat i w rzeczywistości, dzięki temu zdobyliśmy ten kontrakt. Nie próbujemy powielać tego, co robią wszyscy inni. Jesteśmy tym, kim jesteśmy i to nam pracuje.

Bądź sobą i zmieniaj świat.
Bądź sobą i rozszerzaj swój biznes.
Bądź sobą i patrz jak pojawiają się pieniądze.
Pamiętaj: Pieniądze podążają za radością,
radość nie podąża za pieniędzmi.

Jak by to było, gdybyś stracił pamięć?

Kreuj i generuje swój biznes, aby był taki, jak ty chcesz. Nie odnoś się do tego, co zrobił ktoś inny – nawet do tego, co sam zrobiłeś w przeszłości. Nie ważne, co robiła twoja rodzina. Nie ważne, co w twojej branży zrobili inni ludzie. Tylko ty potrafisz zrobić to, co potrafisz. Mógłbyś nawet sprzedawać ten sam produkt, który sprzedaje ktoś inny, ale gdy jesteś sobą, kreujesz wokół tego produktu energię, która sprawia, że różnica jest zasadnicza. Jesteś niezwykły – wyjątkowy na całym świecie. Masz dar, którym możesz obdarować świat. To jest to: „Bądź sobą i zmieniaj świat". Z pewnością nie to: „Bądź taki, jak ktoś inny i zmieniaj świat!". Nie prowadź swojego biznesu tak, jak inni prowadzą swoje.

Jak by to było, gdybyś prowadził biznes w taki sposób, w jaki nikt tego nie robi?

Nie pozwól, by ktokolwiek kiedykowiek cię zatrzymał.

Wspomniałam wcześniej o przedsiębiorcy o imieniu Richard Branson, który jest właścicielem Virgin Atlantic Airways i masy innych firm. Jednym z najświeższych jego biznesów jest Virgin Galactic, w planach którego jest zabieranie klientów w przestrzeń kosmiczną. Branson był dyslektykiem, kiedy chodził do szkoły. Nie miał zbyt dobrych ocen i nie poszedł na studia. Gdy był dzieckiem, mawiał: „Zamierzam zabierać ludzi na księżyc". Możesz sobie wyobrazić, co myśleli o tym wszyscy inni. A teraz posiada statki kosmiczne! Jego filozofia jest taka: „Nie pozwól, żeby ktokolwiek cię zatrzymał". Jak by to było, gdyby kiedyś Richard Branson zdecydował się na „prawdziwą pracę", jaką doradzała mu rodzina i przyjaciele? Branson ma ogromny wpływ na nasz świat i gdyby próbował robić biznes tak, jak to robią wszyscy inni, świat wyglądałby całkiem inaczej, niż wygląda dzisiaj.

To dotyczy każdego z nas. Gdyby Gary Douglas nie zechciał być tak dziwny i wspaniały, jak jest, bez względu na to, czego to od niego wymagało, świat wyglądałby dzisiaj inaczej. Gdybym ja nie zdecydowała się na wyprawę do San Fransisco, żeby dowiedzieć się, czym jest Access Consciousness®, świat wyglądałby inaczej. Gdyby mój przyjaciel, dr Dain Heer, nie był gotowy porzucić ogromnego wkładu w swoją karierę jako chiropraktyka i zamienić ją na coś, co energetycznie bardziej przypominało jego samego i było prawdziwym darem dla wszystkich, świat wyglądałby dzisiaj zupełnie inaczej.

Co to jest, czym nie chcesz się stać, co wykreowałoby zmianę na świecie, która wiesz, że jest możliwa? Wyobraź sobie w jaki sposób mógłbyś wpłynąć na świat, gdybyś zechciał być sobą, podążać za energią i otwierać drzwi do tego, co jest możliwe?

Wszędzie tam, gdzie nie chcesz wciąż uznać inności siebie i tego, jak wiele potrafisz wygenerować, oraz tego, co potrafisz zrobić, czym się stać, co mieć, kreować i generować będąc sobą, czy teraz to wszystko zniszczysz i odkreujesz, razy sam Bóg wie, ile razy? Zgoda niezgoda, dobrze źle, POC i POD, wszystkie dziewięć, w skrócie, ponad, nuklearne sfery.

Wszystko jest możliwe.
Jedyne co cię powstrzymuje ty TY sam!

EPILOG

Ktoś zapytał kiedyś Gary'ego Douglasa, jaka jest jego definicja biznesu. Odpowiedział: „Biznes jest radością kreowania tego, co poszerza twoje życie, poprzez to, co przynosi ci pieniądze". Jak może być jeszcze lepiej? Radość kreowania tego, co poszerza twoje życie, poprzez to, co przynosi ci pieniądze!

Co jest dla ciebie radością, która poszerzyłaby twoje życie i mogła przynieść ci pieniądze? Czy to właśnie kreujesz i generujesz, nie patrząc jak bardzo jest to „szalone"? Jeśli myślisz, że masz pomysł i nikt inny jeszcze na niego nie wpadł, wiesz co? Prawdopodobnie to świetny pomysł!

Słowami nie da się opisać, jak wielki podziw, wdzięczność i szacunek mam dla Gary'ego Douglasa i dr. Daina Heer. Jestem ogromnie wdzięczna za priorytety, za którymi podążają, by kreować i generować więcej świadomości na tej planecie, nie ważne czego to od nich wymaga, nie ważne jak to wygląda.

Wchodzę w to. A ty?

SŁOWNICZEK

Być – *Be*
W Access Consciousness®, słowo *be* [być] jest używane w odniesieniu do *you* [ty], nieograniczonego istnienia, którym jesteś – *you be* [czasownik w formie bezosobowej *być* użyty jest tutaj, jako forma osobowa, dla podkreślenia innego znaczenia], niejako w przeciwieństwie do wystudiowanego punktu widzenia na temat tego, kim myślisz, że jesteś – *you are* [ty jesteś].

Oświadczenie oczyszczające
Oświadczenie oczyszczające, którego używamy w Access Consciousness®, brzmi: Zgoda niezgoda, dobrze źle, POD i POC, wszystkie dziewięć, w skrócie, ponad, nuklearne sfery.®

> *Zgoda niezgoda, dobrze źle* to skrót, pod którym kryje się: Co jest w tym właściwego, dobrego, perfekcyjnego i poprawnego? Co jest w tym niewłaściwego, podłego, złego i okropnego? Co już zdecydowałeś, że jest właściwe i niewłaściwe, dobre i złe?

> *POD* (point of destruction) oznacza punkt destrukcji tuż przed podjęciem decyzji.

> *POC* (point of creation) oznacza punkt kreacji myśli, uczuć i emocji, tuż przed podjęciem decyzji.

Czasami, zamiast mówić: "użyj oświadczenie oczyszczającego", mówimy po prostu: "Zrób temu POC i POD".

Wszystkie dziewięć oznacza dziewięć warstw gówna, które wyciągamy na wierzch. Ty wiesz, że gdzieś tam pod tymi warstwami musi być jakiś kucyk, ponieważ nie mógłbyś nazbierać w jednym miejscu tyle gówna, gdyby nie było tam kucyka. To jest gówno, które generujesz sam.

W skrócie jest skróconą formą, która w całości brzmi: Co jest w tym znaczącego? Co jest w tym bez znaczenia? Jaka jest za to kara? Jaka jest za to nagroda?

Nuklearne sfery przypominają bańki, wydobywające się w ogromnych ilościach z dziecięcych rurek do dmuchania baniek. Widziałeś kiedyś coś takiego? Jedna pęka i tworzy się następna. I znowu. Wydaje się niemożliwe, żeby pozbyć się ich wszystkich naraz.

Ponad są uczuciami i odczuciami, które sprawiają, że serce staje, brakuje oddechu i zanika gotowość dostrzegania możliwości. Przykładem może być sytuacja, kiedy biznes tonie w długach i przychodzi kolejne wezwanie do zapłaty, co sprawia, że chciałbyś aż warknąć! Nie spodziewałeś się tego akurat teraz. To jest właśnie ponad.

(Większość informacji o oświadczeniu oczyszczającym pochodzi z książki Right Riches for You [Odkryj swoje prawdziwe bogactwo], jednej z wielu wspaniałych książek, których autorami są Gary M. Douglas i dr Dain Heer.)

O Autorce

Simone Milasas pochodzi z Australii. Jest jedynym w swoim rodzaju i niezwykle dynamicznym liderem świata biznesu. Jest koordynatorem Access Consciousness (www.accessconsciousness.com) na cały świat, założycielem Good Vibes For You i kreatywną iskrą, która wznieciła do życia The Joy of Business (www.accessjoyofbusiness.com).

Od najmłodszych lat Simone postrzegała biznes – i wszystko, co jest z nim związane – z zupełnie innej perspektywy. Ona przepada za biznesem, a nawet więcej. Tak naprawdę, Simone funkcjonuje z przestrzeni RADOŚCI biznesu.

Delektując się ekspansją i generowaniem małych oraz dużych przedsięwzięć, Simone jest liderem, który przeprowadza grupy różnych rozmiarów przez poszczególne etapy ewolucji różnorakich projektów. Od zrodzenia się idei, poprzez jej wdrożenie, realizację i pokonanie wszelkich przeszkód, Simone potrafi odnaleźć w tym wszystkim lekkość, radość i obfitość.

Tą odmiennością, jaką Simone wnosi do biznesu, jest jej gotowość do nieustającego zadawania pytań, patrzenia na wszystko z innej perspektywy, a także bycie wsparciem dla tych, z którymi współpracuje oraz ciągłe dokonywanie nowych wyborów. Mówiąc jej słowami: „Biznes należy do jednej z dziedzin życia, gdzie wciąż zadaję pytania i nigdy nie zakładam, że znam odpowiedź. Jestem zawsze gotowa na to, by wszystko ukazało się inaczej i zmieniam wszystko, co już nie działa. Według mnie, tym właśnie jest przygoda, jaką może stać się biznes".

Prowadząc i wspierając kilka firm, Simone wciąż poszerza swoją biznesową świadomość, co pozwala jej rozwijać narzędzia i techniki, które umożliwią ci kreowanie zupełnie innej rzeczywistości dla twojego biznesu. Kierując się takimi priorytetami, Simone pracuje z ludźmi zaszczepiając zupełnie nową energię we wszystkim, czym się zajmują. Poprzez Joy of Business, Simone pokazuje jak kreować biznes ponad wszystkim, co ta rzeczywistość uznała za możliwe i daje ci narzędzia do tego, byś mógł kreować to, co ty wiesz, że jest możliwe dla twojego biznesu.

www.ingramcontent.com/pod-product-compliance
Lightning Source LLC
Chambersburg PA
CBHW011211190426
43197CB00044B/2940